Scriptor Praxis

STEPHAN RADEMACHER

Urheber- und Medienrecht im Schulalltag

Kompakt und aktuell – mit vielen Beispielen

Cornelsen

Der Autor

Dipl. jur. Stephan Rademacher ist beim Schulamt der Stadt Bremerhaven in der Schulaufsicht tätig und Dozent für schulrechtliche Themen am Landesinstitut für Lehrerbildung in Bremen.

Projektleitung: Juliane Maaß, Berlin
Redaktion: Marion Clausen, Berlin
Umschlagkonzept: Kerstin Zipfel, München
Umschlaggestaltung: LemmeDesign, Berlin
Umschlagfotos: Shutterstock.com / Billion Photos (Tisch);
stock.adobe.com / Maksim Kabakou (Paragraph)
Layout / technische Umsetzung: LemmeDesign, Berlin

www.cornelsen.de

1. Auflage 2019

Druck: AZ Druck und Datentechnik GmbH, Kempten

ISBN 978-3-589-16615-2

PEFC
PEFC/04-31-2260

PEFC zertifiziert
Dieses Produkt stammt aus nachhaltig bewirtschafteten Wäldern und kontrollierten Quellen.

www.pefc.de

Inhaltsverzeichnis

Einleitung

Wenn man sich an die ganzen Rechtsvorschriften hielte, dann dürfte man ja für den Unterricht gar nichts mehr kopieren! So oder ähnlich hört man es immer wieder, wenn Lehrerinnen und Lehrer in Fortbildungsveranstaltungen über urheberrechtliche Fragen sprechen. Viele geben an, mit dem Urheberrecht ganz „pragmatisch“ umzugehen, indem sie sich im Schulalltag einfach keine näheren Gedanken darüber machten, was erlaubt sei – und was eben nicht.

Woher rührt dieser Pessimismus? Zum einen sind es sicherlich die Rechtsvorschriften selbst, die bei vielen Lehrern Unbehagen auslösen und deshalb häufig nicht zu Rate gezogen werden. In seinem sehr lesenswerten Buch zum Schulrecht formuliert es Günther Hoegg so: „Ich sage es ungern, aber viele Lehrer haben ein gestörtes Verhältnis zu ihrem Berufsrecht. [...] Grundsätzlich werden die juristischen Vorgaben als unangenehme Beschränkung empfunden und nicht als Stütze, die das Handeln erleichtern.“[1] Zum anderen ist es aber sicher auch die Rechtsmaterie selbst, zählt doch gerade das Urheberrecht zu einem besonders „dynamischen“ Rechtsgebiet, das sich immer wieder den neuen technischen Errungenschaften stellen muss und daher eine ständige Veränderung und Überarbeitung erfährt. Dass diese Veränderungen zu komplexen und z. T. kaum noch verständlichen Rechtsvorschriften führen, ist eine negative Folge dieser Entwicklung.

Im Folgenden soll der Versuch unternommen werden, Licht in das scheinbar so dunkle Urheber- und Medienrecht zu bringen. Es soll gezeigt werden, dass gerade die Rechtsvorschriften zum Urheberrecht vor allem eine Stütze – und eben nicht Beschränkung – im Berufsalltag der Lehrerinnen und Lehrer sind, indem sie für viele Praxissituationen recht genau vorgeben, was erlaubt ist und was nicht. Wenn dieses Buch die Leserinnen und Leser zudem noch ein wenig für die ungemein spannenden Fragen des Urheber- und Medienrechts begeistern kann, hat es das Ziel mehr als erreicht.

Die Inhalte dieses Buches wurden so ausgewählt und gegliedert, wie sie auch für die Lehrerinnen und Lehrer im Schulalltag von Bedeutung sind: Nach einem kurzen Blick auf die Grundlagen des Urheberrechts geht es um die Zulässigkeit von Vervielfältigungen für Unterrichts- und Prüfungszwecke sowie um die elektronische Bereitstellung von Unterrichtsmaterialien, sei es in Form des E-Mail-Versands oder des Hochladens von Unterrichtsmaterialien auf eine Internetseite (E-learning). Sodann wird der Frage nachgegangen, unter welchen Voraussetzungen Filme im Unterricht oder bei sonstigen schulischen Veranstaltungen vorgeführt werden dürfen. Während mit diesen Themenbereichen wohl jede Lehrerin und jeder Lehrer im Schulalltag in Berührung kommt, richten sich die folgenden zwei Kapitel vor allem an diejenigen Lehrkräfte, die mit ihren Schülern Musik- oder Bühnenstücke aufführen oder die die Schulhomepage betreuen. Das zehnte Kapitel widmet sich sodann einem Problem, mit dem vor allem die Kollegen in den höheren Jahrgangsstufen häufig konfrontiert werden: der nicht gekennzeichneten Übernahme fremder Inhalte aus fremden Quellen. Im letzten Teil finden sich schließlich verschiedene Mustererklärungen, die unmittelbar im Schulalltag eingesetzt werden können.

Nicht näher thematisiert wird die spannende und wichtige Frage, wie Medienbildung bzw. Medienkompetenz, vor allem bezogen auf das „neue" Medium Internet, im unterrichtlichen Alltag Berücksichtigung finden kann. Wer sich mit diesem Thema näher beschäftigen möchte und konkrete Praxisbeispiele sucht, wird auf die entsprechende Spezialliteratur verwiesen.[2]

Mit diesem Buch sollen in erster Linie die Praktiker des Schulalltags wie Lehrkräfte und Schulleitungen angesprochen werden, die tagtäglich mit Fragen des Urheber- und Medienrechts konfrontiert werden und ganz konkrete Antworten auf verschiedene Fragen suchen. Es soll aber auch denjenigen Lesern eine wertvolle Hilfe sein, die schon gewisse Vorkenntnisse haben und eine vertiefte Auseinandersetzung mit einzelnen Themen suchen. Aus diesem Grund gehen die Ausführungen in diesem Buch an der einen oder anderen Stelle über das Notwendigste hinaus.

Der umfangreiche Anmerkungsapparat mit Hinweisen auf Literatur und Rechtsprechung soll darüber hinaus Lust wecken, die eine oder andere Ausführung nachzuschlagen.

Dieses Buch ist erstmals im Jahr 2011 unter dem Titel „Urheber- und Medienrecht in der Schule. Grundlagen, Praxishinweise und Fallbeispiele" als Schulmanagement-Handbuch Nr. 140 im Oldenbourg Schulverlag erschienen. Für die Neuauflage wurde es inhaltlich stark überarbeitet und an vielen Stellen ergänzt.

Mein herzlicher Dank gilt abschließend zum einen dem Team der Cornelsen-Redaktion, welches den Entstehungsprozess dieses Buches und die Veröffentlichung sehr professionell begleitete.

Zum anderen habe ich mich sehr über die Bereitschaft von Sebastian Pech vom Münchener Institut für Urheber- und Medienrecht e. V. gefreut, mich mit wertvollen Hinweisen zu der teils anspruchsvollen Rechtsmaterie zu unterstützen.

Schließlich möchte ich noch auf hilfreiche Formulare und Mustererklärungen hinweisen, die Sie im „Service Center Schulverwaltung Baden-Württemberg“ unter der Rubrik „Datenschutz“ im Internet finden können (zuletzt im September 2019 aufgerufen).

Schiffdorf, im September 2019

Stephan Rademacher

1 Grundlagen des Urheberrechts

Dieser erste Teil soll mit einigen Grundbegriffen des Urheberrechts vertraut machen, auf die im weiteren Verlauf des Buches immer wieder Bezug genommen wird. Für die Lösung der verschiedenen urheberrechtlichen Fragen ist es von großer Bedeutung, ob überhaupt ein geschütztes „Werk“ vorliegt und – wenn ja – ob es ausnahmsweise eine „Schranke“ gibt, die die ausschließlichen Verwertungs- und Urheberpersönlichkeitsrechte des Urhebers an seinem Werk lockert und der Allgemeinheit beispielsweise Vervielfältigungen gestattet.

1.1 Das „Werk“ als geschütztes Gut des Urheberrechts

Nach § 1 UrhG genießen die Urheber von Werken der Literatur, Wissenschaft und Kunst für ihre Werke Schutz nach Maßgabe des Urheberrechtsgesetzes. Die Tatbestandsmerkmale Literatur, Wissenschaft und Kunst sind dabei weit zu verstehen. Beispiele für diese Werke nennt § 2 Abs. 1 UrhG, etwa Darstellungen wissenschaftlicher oder technischer Art wie Zeichnungen, Pläne, Karten, Skizzen, Tabellen und plastische Darstellungen.

Da es sich nicht um eine abschließende Aufzählung handelt, ist es möglich – nicht zuletzt wegen der immer weiter fortschreitenden technologischen Entwicklung – neue Werkarten einzubeziehen.[3] Damit können selbstverständlich auch Lehrer Urheber sein, z. B. wenn sie ein Arbeitsblatt gestalten, gemeinsam mit einer Klasse einen Text entwerfen, im Informatikunterricht ein eigenes Computerprogramm entwickeln oder einen Film drehen.

Geschützter Gegenstand des Urheberrechts ist somit das Werk, geschützte Person ist der Urheber des Werkes. Das Verhältnis zwischen dem Werk und dem Urheber stellt § 2 Abs. 2 UrhG klar: Danach muss das Werk eine *persönliche geistige Schöpfung* des Urhebers sein.

1.1.1 Beginn des Werkschutzes

PRAXIS BEISPIEL

> Lehrer A schreibt für die alljährliche Weihnachtsfeier in der Aula der Schule ein Musikstück. Erst am Ende des Schuljahres versieht er das Notenblatt mit dem Copyright-Symbol © und seinem Namen. Bereits einige Wochen zuvor hatte einer seiner Schüler die Noten abgeschrieben und im Internet als sein Lied veröffentlicht.

Fragt man in Fortbildungsveranstaltungen, wann der Urheberschutz an einem neu geschaffenen Werk beginne, dann stellen viele Kollegen auf das Copyright-Symbol © ab: Wenn dieses an einem Werk angebracht sei, dann genieße der Urheber seine verschiedenen Rechte. Ohne den Urheberrechtsvermerk mit dem Copyright-Symbol © sei ein Werk nicht urheberrechtlich geschützt.

Dies ist ein weit verbreiteter Irrtum! Kurz ein Blick zurück in die Geschichte: Der Begriff „Copyright“ stammt aus dem angloamerikanischen Rechtsraum und gewährte im „Statute of Anne“ erstmalig 1 710 Buchautoren das exklusive Recht, ihre Werke drucken, vervielfältigen und veröffentlichen zu dürfen („the right to copy“). Das „Copyright“ gibt somit den Rechteinhaber an, das kann – muss aber nicht! – der Urheber des Werkes sein.

In Deutschland entsteht urheberrechtlicher Schutz – etwa an Sprach- und Kunstwerken – auch ohne einen solchen ausdrücklichen Vermerk. Schon in dem Moment, in dem das Werk „erschaffen“ wird, ist es davor geschützt, ohne Einwilligung kopiert oder verbreitet zu werden. Der Urheberrechtsschutz an dem im obigen Beispiel erwähnten Musikstück entstand also ganz von alleine in dem Moment, in dem der Lehrer es fertigstellte.

In Deutschland spielt das Copyright-Symbol © daher eher eine untergeordnete Rolle. Es bewirkt eine Vermutung für die Urheber- und Rechteinhaberschaft im Sinn von § 10 UrhG, sofern andere Urhebervermerke an einem Werk fehlen.

In unserem Praxisbeispiel hat damit der Schüler die Urheberrechte des Lehrers verletzt, da dieser auch ohne Hinweis auf seinen Namen mit Fertigstellung des Stückes urheberrechtlichen Schutz genießt.

1.1.2 Ende des Werkschutzes – die Schutzdauer

PRAXIS BEISPIEL Lehrer A, der nach dem Eintritt in den Ruhestand ein mehrere hundert Seiten langes Buch über seine Erlebnisse und Erfahrungen im Schulalltag geschrieben hat, verstirbt am 23.6.2019. Wie lange ist sein Werk noch urheberrechtlich geschützt?

Wann ein geschaffenes Werk nicht mehr urheberrechtlich geschützt ist, hängt von der *Schutzdauer* ab. Die Schutzdauer bestimmt sich durch die Addition der Lebenszeit des Urhebers und der urheberrechtlich bestimmten postmortalen Schutzfrist (Schutzdauer = Lebenszeit des Urhebers + Schutzfrist).[4] Das Urheberrecht erlischt grundsätzlich *siebzig Jahre* nach dem Tod des Urhebers, bei mehreren Urhebern siebzig Jahre nach dem Tod des am längsten lebenden Miturhebers. Die Zählung dieser Schutzfrist beginnt mit dem Kalenderjahr, das auf das Todesjahr folgt.[5] In dem Beispielsfall beginnt daher die 70-Jahre-Frist am 1.1.2020 und endet mit Ablauf des 31.12.2089.

Besonderheiten gelten für *Fotos,* denn bei ihnen muss danach unterschieden werden, ob es sich (nur) um „einfache" Lichtbilder ohne Werkcharakter handelt oder ob sie Lichtbildwerke im Sinn des §2 Abs. 1 Nr. 4 UrhG und somit persönliche geistige Schöpfungen darstellen. Als Faustformel sind den „einfachen" Lichtbildern die alltäglichen Schnappschüsse und Amateurfotos zuzuordnen, die ohne jegliches handwerkliches Können mittels einer Digitalkamera gemacht werden.[6] Ihr Schutz erlischt *fünfzig Jahre* nach dem Erscheinen des Lichtbildes.[7] Die Lichtbildwerke unterfallen demgegenüber der normalen 70-Jahre-Frist.

1.2 Die Rechte des Urhebers an seinem Werk

Wie bereits zuvor ausgeführt wird der Urheber durch das Urheberrecht in seinen geistigen und persönlichen Beziehungen zu seinem Werk und in der Nutzung des Werkes geschützt (vgl. §11 UrhG). Danach schützt das Urheberrecht sowohl das *Persönlichkeitsrecht* als auch die vermögensrechtlichen Befugnisse des Urhebers an seinem Werk, d.h. die *Verwertungsrechte* einschließlich einer etwaigen wirtschaftlichen Absicherung durch die Sicherung einer angemessenen Vergütung. In diesem Zusammenhang möchte ich zur besseren Veranschaulichung auf das Bild verweisen, das LETTL in seinem Buch zum Urheberrecht unter Hinweis auf ULMER benutzt: Danach sind die materiellen und ideellen Interessen des Urhebers die Wurzeln eines Baumes. Den Stamm des Baumes bildet das einheitliche Urheberrecht. Die einzelnen Befugnisse des Urhebers sind die Äste und Zweige, die ihre Kraft aus den Wurzeln des Baumes erhalten.[8]

1.2.1 Verwertungsrechte

Der Urheber allein hat das Recht zu bestimmen, was mit seinem Werk geschieht und wie damit verfahren wird. Nur der Urheber ist zur Verwertung des Werkes berechtigt und er darf anderen die Nutzung des Werkes untersagen. Die einzelnen Verwertungsrechte sind in den §§ 15–24 UrhG geregelt, wobei zwischen der Verwertung in körperlicher Form (§ 15 Abs. 1 UrhG) und Verwertung in unkörperlicher Form (§ 15 Abs. 2 UrhG) unterschieden wird.

§ 15 Abs. 1 UrhG nennt ausdrücklich das Vervielfältigungsrecht, das Verbreitungsrecht und das Ausstellungsrecht. Hierfür muss das Werk in einem körperlichen Gegenstand enthalten sein (z. B. Buch, Tonträger). Die Verwertung in unkörperlicher Form erfolgt, wenn nur der geistige Gehalt wahrnehmbar ist (Beispiele: Vorsingen eines Liedes, Vorführen eines Filmes).[9] Hierunter fällt gemäß § 15 Abs. 2 UrhG das Recht der öffentlichen Wiedergabe. Aus dem Recht des Urhebers, zu entscheiden, wie und in welcher Form sein Werk veröffentlicht werden soll, ergibt sich für andere Personen ein Änderungsverbot (vgl. §§ 14, 23, 39, 62 UrhG). Bearbeitungen oder andere Umgestaltungen des Werkes dürfen nur mit Einwilligung des Urhebers des bearbeiteten oder umgestalteten Werkes veröffentlicht oder verwertet werden.

1.2.2 Urheberpersönlichkeitsrechte

Das Urheberpersönlichkeitsrecht (§§ 12–14 UrhG) kennzeichnet die geistige und persönliche Beziehung des Urhebers zu seinem Werk und ist eine rechtlich selbstständige Erscheinungsform des allgemeinen Persönlichkeitsrechts.[10] Das allgemeine Persönlichkeitsrecht begegnet uns in der heutigen Zeit immer wieder. So sind beispielsweise das Recht am eigenen Bild (§§ 22 ff. KUG) und der Schutz der Vertraulichkeit des gesprochenen Wortes, von Briefen und Daten (§ 823 Abs. 2 BGB in Verbindung mit §§ 201–204 StGB) und der Schutz der Ehre (§ 823 Abs. 2 BGB in Verbindung mit §§ 185 ff. StGB) Ausprägungen des allgemeinen Persönlichkeitsrechts. Dem Urheber steht gemäß § 14 UrhG das Recht zu, eine Entstellung oder eine andere Beeinträchtigung seines Werkes zu verbieten, da dieses eine Verletzung seiner Ehre oder eine Beeinträchtigung seines Rufes darstellen könnte. Integriert jemand ein fremdes Gemälde in ein neues Gesamtkunstwerk, sodass das Gemälde als Teil dieses Gesamtkunstwerkes erscheint, begeht er eine schwerwiegende Beeinträchtigung und somit einen Verstoß gegen § 14 UrhG.[11]

1.2.3 Schutzrechte: Abwehr- und Schadensansprüche

Hat jemand eine Urheberrechtsverletzung begangen, indem er das originäre Urheberrecht, Verwertungsrechte oder weitere Schutzrechte verletzt hat, so löst dieses Abwehr- und Schadensersatzrechte des Urhebers bzw. der Nutzungsberechtigten aus. Diese Rechte sind im Einzelnen in den §§ 97 ff. UrhG geregelt. Neben zivilrechtlichen Ansprüchen können Urheberrechtsverletzungen zu einer strafrechtlichen Verfolgung des Verletzers führen. Stellt ein Urheber die unberechtigte Nutzung, Verbreitung, Vervielfältigung oder Bearbeitung fest, die er nicht dulden möchte, kann er den Störer verpflichten, die unberechtigte Nutzung zu unterlassen. Gleichzeitig kann er vom Störer Schadensersatz für die Verletzung verlangen. Nach § 97 Abs. 2 UrhG ist derjenige dem Verletzten zum Ersatz des daraus entstehenden Schadens verpflichtet, der die Verletzungshandlung vorsätzlich oder fahrlässig vornimmt. Ferner bestehen für den Urheber bzw. Nutzungsberechtigten eine Reihe weiterer Rechte wie etwa ein Auskunftsanspruch gegenüber dem Störer (§ 101 UrhG) oder ein Anspruch auf Herausgabe der ungerechtfertigten Bereicherung (§ 812 Abs. 1 Satz 1 BGB).[12]

1.2.4 Urheberrechte und öffentlicher Dienst

PRAXIS BEISPIEL Politiklehrer P entwirft eine umfangreiche Klausur. Die Schulleiterin findet die Arbeit sehr gelungen und beschließt, dass sie in naher Zukunft in einem anderen Kurs noch einmal geschrieben werden soll. Muss P seine Arbeit der Schulleiterin zur Verfügung stellen?

Ja. Grundsätzlich bleibt zwar derjenige, der ein Werk im Rahmen seines Arbeits- oder Dienstverhältnisses herstellt, der Urheber an diesem Werk. Doch werden dem Arbeitgeber bzw. dem Dienstherren gem. § 43 UrhG *ausschließliche Nutzungsrechte* an dem jeweiligen Werk eingeräumt, wobei sich deren Umfang aus dem Inhalt und dem Wesen des jeweiligen Arbeits- bzw. Dienstverhältnisses ergibt.[13]

Erfasst werden stets nur solche Werke, die gerade in Erfüllung der arbeitsvertraglichen Verpflichtung (Arbeitnehmer) bzw. in Erfüllung des dienstrechtlichen Aufgabenbereiches (Beamte) erschaffen wurden. Dazu zählen für den Bereich der Schule sicherlich alle konzipierten Klassenarbeiten, Klausuren und Prüfungsaufgaben. Künstlerische Werke, die im Rahmen des Werk- oder Kunstunterrichts angefertigt werden, gehören ebenfalls dazu. Auch an Computerprogrammen, die in Ausübung des Dienstes erschaffen werden, erlangt der Arbeitgeber bzw. Dienstherr die ausschließlichen Nutzungsrechte.[14]

1.3 Ausnahmen vom Recht der ausschließlichen Nutzung

Trotz der sehr umfassenden Rechte des Urhebers an seinem Werk gibt es aber auch Befugnisse, mit denen Dritte in die scheinbar unantastbare Schutzsphäre des Urhebers eingreifen dürfen und dadurch seinen Rechten Grenzen setzen. Solche sogenannten „Schranken"-Regelungen sind eine Folge der Abwägung zwischen den Interessen des Urhebers einerseits und den Interessen der Allgemeinheit andererseits. Eine Folge dieser Abwägung ist aber auch, dass den rechtlichen Eingriffsmöglichkeiten fremder Nutzer selbst wieder Grenzen gezogen werden: Bildlich gesprochen werden somit die Schranken des Urheberrechts selbst wieder beschränkt.

1.3.1 Die widerstreitenden Interessen

Das Urheberrecht unterliegt als geistiges Eigentum, genauso wie das Sacheigentum, der Sozialbindung. Artikel 14 des Grundgesetzes sieht vor, dass das Eigentum in Deutschland gewährleistet wird. Der Gebrauch von Eigentum soll aber zugleich dem Wohle der Allgemeinheit dienen. Diese Beschränkungen des Urheberrechts, die im UrhG festgeschrieben sind, bezwecken somit den Schutz beachtenswerter Belange der Allgemeinheit. So lautet es bereits in der amtlichen Gesetzesbegründung des Gesetzgebers aus dem Jahre 1965 „daß der Urheber insbesondere dort im Interesse der Allgemeinheit freien Zugang zu seinen Werken gewähren muß, wo dies unmittelbar der Förderung der geistigen und kulturellen Werte dient, die ihrerseits Grundlage für sein Werkschaffen sind".[15]

So stehen sich bei der Frage, welche Beschränkungen der Urheberrechte erforderlich sind, regelmäßig die Interessen des Urhebers an der Ausschließlichkeit seiner Rechte und die Interessen Dritter (z. B. Endnutzer) gegenüber. Diesem Schutz beachtenswerter Belange der Allgemeinheit (wie etwa die nach Artikel 5 Satz 1 GG verfassungsrechtlich garantierte Informationsfreiheit) wird durch die im Urheberrechtsgesetz festgelegten allgemeinen Schrankenbestimmungen (§§ 45–63 UrhG) Rechnung getragen. Für den schulischen Bereich sind insbesondere die § 52 UrhG (Öffentliche Wiedergabe) und § 60a UrhG (Unterricht und Lehre) von großer Bedeutung.

Die mit dem durch das Grundgesetz vermittelten Schutz des Urheberrechts zusammenhängenden grundlegenden Fragen sind durch die Rechtsprechung des Bundesverfassungsgerichts geklärt. Dieses hatte bereits im Jahre 1971 die Gelegenheit, über die verfassungsrechtliche Zulässigkeit der Schranken des Urheberrechts zu entscheiden[16]. Danach sei es Sache des Gesetzgebers, im Rahmen der inhaltlichen Ausprägung des Urheberrechts sachgerechte Maßstäbe festzulegen, die eine der Natur und sozialen Bedeutung des Urheberrechts entsprechende Nutzung und angemessene Verwertung sicherstellen (Art. 14 Abs. 1 S. 2 GG). Das Interesse der Allgemeinheit an einem ungehinderten Zugang zu den Kulturgütern rechtfertige es, dass geschützte Werke nach ihrem Erscheinen ohne Zustimmung des Urhebers in Sammlungen für den Kirchen-, Schul- und Unterrichtsgebrauch aufgenommen werden dürfen, nicht aber, dass der Urheber sein Werk hierfür vergütungsfrei zur Verfügung stellen muss.

1.3.2 Wichtige „Schranken" für Schulen und Bildungseinrichtungen

Für den Schulbereich ist vor allem § 60a UrhG von großer Bedeutung, welcher seit der Urheberrechtsreform vom 1. 3. 2018 *die* zentrale Erlaubnis- bzw. Schrankenvorschrift für Unterricht und Lehre ist und Regelungen aus den ehemaligen §§ 52 (Öffentliche Wiedergabe), 52a (Öffentliche Zugänglichmachung für Unterricht und Forschung) und insbesondere 53 Abs. 3 (Vervielfältigungen zum sonstigen eigenen Gebrauch) in sich vereint. Auch § 44a UrhG ist für Lehrkräfte von großer Bedeutung, da diese „Schranke" vorübergehende Vervielfältigungshandlungen im Rahmen des Streamings von Filmwerken im Unterricht erlaubt. Nur kurz wird auf § 47 UrhG (Übertragung von Auszügen aus Schulfunksendungen auf Bild- oder Tonträger durch Schulen u. a.) eingegangen. Für Schülerinnen und Schüler wiederum ist § 51 UrhG eine wichtige Norm, regelt sie doch das rechtmäßige Zitieren aus fremden Werken.

Auf andere Schrankenbestimmungen mit Schulbezug soll in diesem Buch nicht näher eingegangen werden, da sie für den Unterrichtsalltag einer Lehrkraft keine größere Relevanz haben. Dazu zählt beispielsweise § 60b UrhG, der die Herstellung von Unterrichts- und Lehrmedien durch Schulbuchverlage regelt.

1.3.3 Grenzen der gesetzlich erlaubten Nutzung – die „Schranken-Schranken"

Derjenige, der aufgrund einer Schrankenbestimmung ein Werk zulässigerweise benutzen darf, kann bei der Inanspruchnahme dieser Rechtsvorschrift seinerseits wiederum beschränkt sein. Diese sogenannten „Schranken-Schranken" sind insbesondere eine Folge des „Dreistufentests", wie er sich in Art. 5 Abs. 5 InfoSoc-RL wiederfindet: Vereinfacht ausgedrückt darf danach nur dann in die dem Urheber zustehenden Verwertungsrechte mit Hilfe eines Gesetzes eingegriffen werden, wenn es sich um einen Sonderfall handelt (1. Stufe), die normale Verwertung des Werkes nicht beeinträchtigt wird (2. Stufe) und die berechtigten Interessen des Rechteinhabers nicht ungebührlich verletzt werden (3. Stufe).

Ein wichtiges Beispiel für eine „Schranken-Schranke" bilden die Bereichsausnahmen des § 60a Abs. 3 UrhG. So dürfen beispielsweise keine Vervielfältigungen aus Schulbüchern angefertigt werden, da dadurch der Primärmarkt für diese Werke gefährdet wäre und es zu einer Beeinträchtigung der normalen Verwertung dieser Werke käme (vgl. die 2. Stufe des Dreistufentests). Weitere Beispiele sind das Änderungsverbot (§ 62 UrhG) und die Pflicht zur Quellenangabe (§ 63 UrhG).

1.3.4 Vergütungsanspruch des Urhebers

Es wäre gewiss unbillig, wenn der Urheber fremde Verwertungshandlungen an seinem Werk zum Wohle der Allgemeinheit zwar dulden müsste, er dafür jedoch keine angemessene Entschädigung erhalten würde.

Aus diesem Grund sieht § 60h UrhG vor, dass für die erlaubnisfreie Verwendung in der Regel eine Vergütung zu zahlen ist. Dieser Vergütungsanspruch des Urhebers bildet damit die Kehrseite des Nutzungsanspruchs des Verwenders.

Wichtig ist in diesem Zusammenhang zum einen, dass das Nutzungsentgelt nicht von dem jeweiligen Urheber persönlich erhoben werden kann, sondern immer nur von einer Verwertungsgesellschaft. Hierbei handelt es sich um privatrechtlich organisierte Vereinigungen von Urhebern und Inhabern von Leistungsschutzrechten. Dazu zählen die VG Wort (Verwertungsgesellschaft für Autoren und Verlage), die GEMA (Autorengesellschaft für Komponisten, Textautoren und Musikverleger) oder die VG Bild-Kunst.

Für den Schulbereich ist zum anderen von Bedeutung, dass sich die Vergütungsansprüche nicht gegen die einzelne Lehrkraft richten, die für ihren Unterricht beispielsweise eine Seite aus einem Fachbuch kopiert hat, sondern immer gegen das jeweilige Bundesland. Im *Gesamtvertrag Vervielfältigungen an Schulen* (dem sogenannten „Gesamtvertrag Schule"), dessen Vertragspartner einerseits verschiedene Rechteinhaber (die Verwertungsgesellschaften VG Wort und VG Musikedition, die Bildungsmedienverlage und die PMG Presse-Monitor GmbH) und andererseits die Bundesländer sind, werden für einen Zeitraum von mehreren Jahren pauschalierte Vergütungszahlungen festgelegt, welche von den Ländern zu entrichten sind. Eine Lehrkraft ist daher beispielsweise nicht verpflichtet nachzuweisen, wie viele Vervielfältigungen sie aus Büchern für ihren Unterricht angefertigt hat.

1.4 Die jüngere Entwicklung des Urheberrechts – das UrhWissG

Das Urheberrechtsgesetz steht vor der großen Herausforderung, mit der rasanten technischen Entwicklung Schritt halten zu müssen: Digitale Vervielfältigungen, Streaming oder Text- und Data-Mining sind urheberrechtliche Nutzungshandlungen, die der Gesetzgeber bei der Einführung des UrhG im Jahr 1965 gewiss noch nicht vor Augen hatte.[17]

Vor diesem Hintergrund hat das UrhG seit der Jahrtausendwende so manches „Update" erfahren: Nachdem die EU im Jahr 2001 zunächst mit der Richtlinie zur Harmonisierung bestimmter Aspekte des Urheberrechts und der verwandten Schutzrechte in der Informationsgesellschaft (EU-Richtlinie 2001/29/EG, InfoSoc-RL) den bis heute verbindlichen Rechtsrahmen für die urheberrechtlichen Verwertungsrechte und die gesetzlich erlaubten Nutzungen im digitalisierten Umfeld geschaffen hatte, wurden diese Vorgaben durch den deutschen Gesetzgeber in den Jahren 2003 mit dem Gesetz zur Regelung des Urheberrechts in der Informationsgesellschaft („Erster Korb") und einer weiteren Novelle 2008 („Zweiter Korb") in nationales Recht umgesetzt.

Seit dieser Zeit ist die technische Entwicklung jedoch nicht stehen geblieben. Die immer stärkere Digitalisierung und Vernetzung haben die Möglichkeiten der Schaffung, Verbreitung und Nutzung urheberrechtlich geschützter Inhalte weiter verändert, was eine erneute Überarbeitung des UrhG notwendig machte.

Zum 1.3.2018 ist daher das Urheberrechts-Wissensgesellschafts-Gesetz – kurz: UrhWissG – in Kraft getreten, welches für die Bereiche Unterricht und Wissenschaft so manche Veränderung mit sich brachte.[18] Mit diesem jüngsten Reformgesetz wollte der Gesetzgeber zum einen den zeitgemäßen digitalen Nutzungsmöglichkeiten Rechnung tragen, da sich die bis dahin gültigen Schrankenregelungen teilweise noch an analogen Nutzungen orientierten (z. B. durfte eine Lehrkraft, wenn sie für den Unterricht etwas aus dem Fernsehen aufzeichnen wollte, diese Vervielfältigungshandlung bis zum 1.3.2018 nur mit Hilfe eines Videorecorders vornehmen). „Zeitgemäßer Gebrauch, der das Potenzial der modernen Wissensgesellschaft ausschöpfen würde, unterbleibt daher teilweise oder aber er geschieht rechtswidrig – zugleich zum Nachteil auch der Rechtsinhaber, die weder bei der unterbliebenen noch bei einer rechtswidrigen Nutzung eine Vergütung erhalten."[19]

Zum anderen wollte der Gesetzgeber aber auch Ordnung schaffen: Das UrhG enthielt in den §§ 44a ff. UrhG zahlreiche kleinteilige, an unterschiedlichen Stellen geregelte Erlaubnistatbestände zugunsten von Unterricht und Wissenschaft. Diese im Gesetzestext nachzuschlagen und auch richtig anzuwenden war für die eigentliche Zielgruppe – Schülerinnen und Schüler, Lehrerinnen und Lehrer, Studierende und Lehrende an Hochschulen, Beschäftigte von Bibliotheken, Archiven usw. – kaum möglich. Schließlich war es ein wichtiges Anliegen des Gesetzgebers, nicht näher definierte Rechtsbegriffe wie „kleine Teile eines Werkes“ oder „Werke von geringem Umfang“ zu konkretisieren, um dadurch eine größere Sicherheit bei der Rechtsanwendung zu erreichen.

2 Erstellen von Unterrichtsmaterialien

Das folgende Kapitel beschäftigt sich mit einem Themenbereich, der zum Alltagsgeschäft jeder Lehrkraft gehört: dem Erstellen von Unterrichts- oder Prüfungsmaterialien. Dabei will ich zwei Fallgruppen unterscheiden, wie sie auch im Rahmen der Unterrichtsvorbereitung typisch sind:

In der ersten Fallgruppe erstellt der Lehrer Unterrichts- oder Prüfungsmaterialien, ohne dabei geschützte Werke Dritter zu übernehmen. Problematisch sind in diesem Zusammenhang die Fälle, in denen sich der Lehrer bei der Gestaltung seiner Materialien an geschützte fremde Werke anlehnt. Dann stellt sich die Frage, ob er sich in zulässiger Weise nur hat inspirieren lassen oder ob er schon das geschützte Werk in unzulässiger Weise kopiert hat.

In der zweiten Fallgruppe geht es um das Anfertigen von solchen Arbeitsmaterialien, die nicht mehr nur „fremdinspiriert" sind, sondern die auch fremde – urheberrechtlich geschützte – Inhalte wie Texte, Bilder und Abbildungen enthalten. In diesen Fällen liegt aus urheberrechtlicher Sicht immer eine Vervielfältigung eines fremden Werkes vor, sodass geprüft werden muss, ob die Kopie in zulässiger Weise angefertigt wurde.

2.1 Nutzung urheberrechtlich nicht geschützter Inhalte

2.1.1 Frei verwendbare Informationen bzw. „Gemeingüter"

PRAXIS BEISPIEL

Erdkundelehrerin E ist leidenschaftliche Leserin der Zeitschrift „Geographische Rundschau". In einer Ausgabe findet sie einen spannenden Bericht über Ursachen und Folgen des Klimawandels. Spontan überlegt sie sich, für ihre Schülerinnen und Schüler ein Arbeitsblatt mit eigenen Texten und Abbildungen zu dem Thema zu gestalten. Dem Aufsatz der „Geographischen Rundschau" entnimmt sie allein Tatsachen wie aktuelle Temperatur- und Gletscherveränderungen. Muss sie darauf auf dem Arbeitsblatt hinweisen?

Nein! Keinen urheberrechtlichen Schutz genießen sogenannte *Gemeingüter* wie wissenschaftliche Erkenntnisse, Tagesneuigkeiten, Lebensläufe und Fachterminologien; damit sind sie ohne Weiteres für eigene Arbeitsblätter frei verwendbar. Auch die bloße Idee ist nicht urheberrechtlich geschützt.

Ebenfalls können *amtliche Werke* frei verwendet werden. Dazu zählen nach dem Gesetzeswortlaut einerseits Rechtsnormen (Gesetze, Verordnungen, amtliche Erlasse und Bekanntmachungen) und Gerichtsentscheidungen, einschließlich amtlich verfasster Leitsätze zu Entscheidungen. Andererseits werden aber auch sonstige amtliche Werke erfasst, sofern sie von einer Verwaltungsbehörde stammen und zur allgemeinen Kenntnisnahme veröffentlicht wurden (z. B. Gesetzentwürfe, Denkschriften, Protokolle).

2.1.2 Creative Commons-Lizenzen

Zahlreiche Urheber veröffentlichen ihre Werke, ohne dass sie damit Geld verdienen wollen: „Die Idee der ‚Creative Commons' ist es, zum einem auch dem juristischen Laien die einfache Möglichkeit zu geben, sein Werk zwar der Allgemeinheit zur Verfügung zu stellen, jedoch die Kontrolle über den Umfang zu behalten. Der Urheber bzw. Nutzungsrechteinhaber verzichtet gerade nicht vollständig auf seinen Urheberrechtsschutz, sondern räumt den Nutzern lediglich im Rahmen der gewählten CC-Lizenz ein einfaches Nutzungsrecht ein (sogenanntes ‚some rights reserved'). Auf der anderen Seite soll auch Rechtssicherheit für den Nutzer erreicht werden, dass und in welchem Umfang er dieses Werk mit Einverständnis des Urhebers nutzen darf."[20]

Die Nutzung eines fremden Werkes soll demnach für möglichst viele Menschen kostenlos sein, solange sie sich an bestimmte Regeln halten. Solche Inhalte werden auch als „Open Content" bezeichnet. Das Urheberrecht gilt zwar auch für diese Werke, allerdings haben die Urheber sie unter einer sogenannten „freien Lizenz" publiziert.

In der folgenden Übersicht stelle ich die momentan wohl am häufigsten, vor allem im Internet genutzten Creative Commons Licences (CC-Lizenzen) kurz vor:

Übersicht 1 **Wichtige CC-Lizenzen**
Namensnennung (CC BY)
Diese Lizenz erlaubt es, ein Werk zu verbreiten, zu bearbeiten, zu verbessern und darauf aufzubauen, solange der Urheber des Originals genannt wird (BY = engl. Urheberschaft). Diese Lizenz räumt die umfassendsten Nutzungsrechte ein.
Namensnennung – Weitergabe unter gleichen Bedingungen (CC BY-SA)
Diese Lizenz erlaubt, das Werk zu verbreiten, zu bearbeiten, zu verbessern und darauf aufzubauen – auch kommerziell –, solange der Urheber des Originals genannt wird und die auf dem Werk basierenden neuen Werke unter denselben Bedingungen veröffentlicht werden (SA = same alike). Alle neuen Werke, die auf dem genutzten Werk aufbauen, werden unter derselben Lizenz stehen, also auch kommerziell nutzbar sein. Diese Lizenz wird beispielsweise auch von Wikipedia eingesetzt.

Namensnennung – keine Bearbeitung (CC BY-ND)
Diese Lizenz erlaubt anderen die Weiterverbreitung des Werkes, kommerziell wie nicht-kommerziell, solange dies ohne Veränderungen und vollständig geschieht und der Urheber genannt wird (ND = no derivatives).
Namensnennung – nicht-kommerziell (CC BY-NC)
Diese Lizenz erlaubt, das Werk zu verbreiten, zu bearbeiten, zu verbessern und darauf aufzubauen, allerdings nur nicht-kommerziell. Und obwohl auch bei den auf dem genutzten Werk basierenden neuen Werken der Name des Urhebers genannt werden muss und auch das neue Werk nur nicht-kommerziell verwendet werden darf, muss das neue Werk nicht unter denselben Bedingungen lizenziert werden (NC = non-commercial).
Namensnennung – nicht-kommerziell – Weitergabe unter gleichen Bedingungen (CC BY-NC-SA)
Diese Lizenz erlaubt, das Werk zu verbreiten, zu bearbeiten, zu verbessern und darauf aufzubauen, allerdings nur nicht-kommerziell und solange der Urheber des Originals genannt und das auf dem Werk basierende neue Werk unter denselben Bedingungen veröffentlicht wird.
Namensnennung – nicht-kommerziell – keine Bearbeitung (CC BY-NC-ND)
Dies ist die restriktivste der sechs Kernlizenzen von Creative Commons. Sie erlaubt lediglich Download und Weiterverteilung des Werkes unter Nennung des Namens des Urhebers, jedoch keinerlei Bearbeitung oder kommerzielle Nutzung.

Viele weitere nützliche Informationen finden sich auf der Homepage der Creative Commons.

2.1.3 Fremde Werke als Vorlage: (zulässige) Benutzung oder (unzulässige) Entlehnung?

PRAXIS BEISPIEL

D ist Deutschlehrerin. Für ihre 7. Klasse möchte sie eine eigene Literaturkartei zum Harry-Potter-Roman erstellen. Diese soll kurze Inhaltsangaben zu den verschiedenen Kapiteln enthalten. Auch möchte sie die Kapitelbezeichnungen aus dem Roman übernehmen, um den Schülern eine Orientierung zu bieten. Darüber hinaus sollen auch die bekannten Figuren vorkommen. So möchte sie eine Zeichnung von Lord Dumbledore anfertigen. Schließlich würde sie sich auch gern weitere spannende Abenteuer für Harry und seine Freunde ausdenken, die von den Schülern dann weitererzählt werden sollen.

Solange ein Lehrer in seinen Arbeitsblättern lediglich seine eigenen Gedanken und Ideen verkörpert, allenfalls noch frei verwendbare Gemeingüter benutzt, tauchen urheberrechtliche Fragen kaum auf. Problematisch sind hingegen die Fälle, in denen fremde, geschützte Werke für die eigene Arbeit zugrunde gelegt werden und diese sich in dem neuen Werk – in welcher Form auch immer – wiederfinden. Dann stellt sich die Frage, ob sich die Lehrkraft von dem urheberrechtlich geschützten Werk nur in zulässiger Weise hat inspirieren lassen oder ob die Übernahme einzelner Elemente bereits eine unzulässige Bearbeitung darstellt.[21]

Das Recht zur *freien Benutzung* eines fremden Werkes (§ 24 UrhG) markiert gewissermaßen den Beginn der Gemeinfreiheit im Umgang mit bereits bestehenden Werken. Es dient dazu, Freiraum für eine schöpferische Auseinandersetzung mit bestehenden Werken zu schaffen, um dadurch eine kulturelle Fortentwicklung zu ermöglichen.[22]

Für die Abgrenzung der noch (zulässigen) freien Benutzung von der (unzulässigen) unfreien Bearbeitung hat die Rechtsprechung die sogenannte „*Verblassens-Formel*“ entwickelt: Eine freie Benutzung liegt danach dann vor, wenn angesichts der Individualität des neuen Werkes die Züge des benutzten Werkes verblassen. Sind dagegen die wesentlichen individuellen Züge eines anderen Werkes erkennbar übernommen, so ist eine unfreie Benutzung gegeben, es sei denn, dass das neue Werk trotz deutlicher Übernahme einen so großen inneren Abstand zum Originalwerk aufweist, dass es als selbstständig anzusehen ist (z. B. Parodien oder Karikaturen). Auf die Menge der benutzten Teile kommt es dabei nicht so sehr an, sondern auf den Gesamtvergleich der individuellen Züge beider Werke.[23]

So wird es beispielsweise für den Bereich der Schriftwerke als *unzulässig* angesehen, wenn Aufgabenblätter inhaltliche Zusammenfassungen von Teilen eines Originalromans enthalten und es für die Bearbeitung des Aufgabenblattes aufgrund der vorhandenen Inhaltsangaben nicht notwendig ist, das Originalwerk zu lesen.[24] In diesem Fall fehlt es an dem notwendigen inneren Abstand zwischen dem Originalwerk und dem neuen Werk, oder anders ausgedrückt: Das Originalwerk verblasst nicht hinreichend hinter dem neuen Werk.[25]

Auch verstößt es in der Regel gegen das Urheberrecht, wenn mit dem neuen Werk unter Übernahme wesentlicher, charakteristischer Romangestalten an ein bereits bestehendes Werk angeknüpft wird und der Originalroman damit eine Fortsetzung erfährt (z. B. wenn eine Figur aus dem Originalwerk weitere Geschichten erlebt).[26]

Bei Werken der bildenden Kunst liegt sehr häufig eine unzulässige Entlehnung vor, wenn wesentliche künstlerische Züge, die dem Werk die individuelle Prägung geben, wiederkehren (etwa die enge Anlehnung an die markanten „Nana"-Figuren der Künstlerin Niki de Saint Phalle). Für den Bereich der Musik liegt eine unzulässige Verwendung vor, wenn eine fremde Melodie erkennbar in ein neues Werk übernommen wird.[27]

Demgegenüber ist es *zulässig,* Figuren (mit Ausnahmen von Comic-Figuren), vollständige Kapitelüberschriften oder Namen und Bezeichnungen („Lord Dumbledore", „Quidditch") aus fremden Werken zu übernehmen oder sich auf Geschehnisse zu beziehen. Auch ist es grundsätzlich nicht zu beanstanden, wenn ein literarisches Werk, ein Werk der bildenden Künste oder ein Werk der Tonkunst in eine andere dieser drei Kunstformen übertragen wird (z. B. wenn die literarische Figur Pippi Langstrumpf in einem Faschingskostüm abgebildet wird oder ein Gemälde als Vorlage für ein Musikstück dient).[28] Dafür spricht die Überlegung, dass der individuelle Charakter dieser drei Werkformen durch ganz verschiedene äußere Formen zum Ausdruck gebracht wird.

2.2 Anfertigen eigener Unterrichtsmaterialien unter Verwendung fremder Inhalte

Immer dann, wenn ein Lehrer von einem fremden Werk eine Kopie für seinen Unterricht oder für Prüfungen herstellt, nimmt er eine Handlung vor, die eigentlich nur dem Urheber vorbehalten ist: Nur dieser hat gemäß § 16 UrhG das Recht, sein Werk oder Teile davon zu vervielfältigen, sei es in analoger Form mit Hilfe von Fotokopierern, Druckverfahren oder eigenhändigem Abschreiben oder digital durch Einscannen, Brennen, Speichern auf die Festplatte oder Herunterladen aus dem Internet.

Mit § 60a UrhG (Vervielfältigungen zum Unterrichts- und Prüfungsgebrauch) gibt es jedoch eine wichtige Ausnahmeregelung, die es Lehrern gestattet, unter bestimmten Voraussetzungen ohne Einholung einer Erlaubnis analoge oder digitale Vervielfältigungen herzustellen.

Mit dieser Schrankenbestimmung soll der Tatsache Rechnung getragen werden, dass im heutigen Unterricht der Einsatz von Kopien nicht mehr weggedacht werden kann. Aus Gründen der Praktikabilität sollen Lehrer nicht mit der Einholung einer Zustimmung belastet werden. Der Preis für diese erlaubnisfreie Nutzungsmöglichkeit besteht im Anspruch des Urhebers auf eine angemessene Vergütung. Wie bereits oben dargestellt richtet sich dieser Zahlungsanspruch aber nicht gegen die einzelne Lehrkraft. Vielmehr haben sich die Bundesländer im sogenannten „Gesamtvertrag Schule" gemeinsam mit den verschiedenen Rechteinhabern (insbesondere den Bildungsverlagen) und den Verwertungsgesellschaften auf eine pauschalisierte Abgeltung verständigt, wodurch der Vergütungsanspruch des Urhebers erfüllt wird.

Zum Teil wird für die Zulässigkeit von Vervielfältigungen für den Unterrichtsgebrauch auch auf das Zitatrecht gemäß § 51 UrhG abgestellt[29], wonach die (vollständige oder stellenweise) Vervielfältigung eines veröffentlichten Werkes in ein eigenes selbstständiges Werk zulässig ist, sofern dieses gerade durch einen besonderen Zweck gerechtfertigt wird (etwa die Übernahme einer fremden Textpassage für eine eigene Ausarbeitung). Dem wird man aber wohl entgegenhalten müssen, dass es im Regelfall an der Selbstständigkeit des eigenen Werkes, zumindest aber an dem notwendigen besonderen Zitatzweck mangelt: Erforderlich ist insoweit eine innere Verbindung zwischen dem eigenen und dem fremden Werk, die dann vorliegt, wenn das fremde Werk als Beleg dient oder eine Erörterungsgrundlage für selbstständige Ausführungen des Zitierenden bildet.[30] Daran fehlt es aber zumindest in den Fällen, in denen Lehrkräfte Arbeitsblätter mit Auszügen aus verschiedenen fremden Werken herstellen (z. B. ein Arbeitsblatt mit Auszügen aus verschiedenen historischen Quellen). Auch die Formulierung eines Arbeitsauftrags wird diese innere Verbindung nicht herstellen können.[31] Etwas anderes wird man nur für die Fälle annehmen können, bei denen der Lehrer ein eigenes Skript für die Schüler anfertigt und zur Verdeutlichung Auszüge aus fremden Werken einbindet.[32]

2.2.1 Erlaubnistatbestand § 60a UrhG im Überblick

Bevor auf einzelne Praxisbeispiele aus dem Schulalltag eingegangen wird, erscheint es zweckmäßig, den zentralen Erlaubnistatbestand für das Anfertigen von Kopien für den Schulalltag genauer vorzustellen. Auf diese Grundlagen kann dann später wieder Bezug genommen werden, wenn es um andere Verwertungshandlungen wie Filmwiedergaben im Unterricht oder das Einstellen von Unterrichtsmaterial in eine Lernplattform geht.

Übersicht 2
Erlaubnistatbestand § 60a UrhG

„(1) Zur Veranschaulichung des Unterrichts und der Lehre an Bildungseinrichtungen dürfen zu nicht-kommerziellen Zwecken bis zu 15 Prozent eines veröffentlichten Werkes vervielfältigt, verbreitet, öffentlich zugänglich gemacht und in sonstiger Weise öffentlich wiedergegeben werden

1. für Lehrende und Teilnehmer der jeweiligen Veranstaltung,
2. für Lehrende und Prüfer an derselben Bildungseinrichtung sowie
3. für Dritte, soweit dies der Präsentation des Unterrichts, von Unterrichts- oder Lernergebnissen an der Bildungseinrichtung dient.

(2) Abbildungen, einzelne Beiträge aus derselben Fachzeitschrift oder wissenschaftlichen Zeitschrift, sonstige Werke geringen Umfangs und vergriffene Werke dürfen abweichend von Absatz 1 vollständig genutzt werden.

(3) Nicht durch die Absätze 1 und 2 erlaubt sind folgende Nutzungen:
Vervielfältigung, Verbreitung und öffentliche Wiedergabe eines Werkes, das ausschließlich für den Unterricht an Schulen geeignet, bestimmt und entsprechend gekennzeichnet ist, an Schulen sowie
Vervielfältigung von grafischen Aufzeichnungen von Werken der Musik, soweit sie nicht für die öffentliche Zugänglichmachung nach (1) oder (2) erforderlich ist."

§ 60a Abs. 1 UrhG spricht zunächst einmal davon, dass die Kopie o. Ä. aus einem bereits veröffentlichten Werk stammen muss. Bei dem *Werk* kann es sich um ein Druckwerk handeln oder auch um eine Vorlage, die ausschließlich im Internet abrufbar ist.[33] Bereits *veröffentlicht* ist ein Werk dann, wenn es mit Zustimmung des Berechtigten der Öffentlichkeit zugänglich gemacht worden ist (§ 6 Abs. 1 UrhG). Diese Anforderung kann in der praktischen Umsetzung Probleme bergen, denn bei fremden Werken im Internet ist es z. B. nicht immer offensichtlich, ob es tatsächlich mit Wissen und Wollen des Urhebers dort eingestellt wurde.

In quantitativer Hinsicht gestattet es die Schrankenbestimmung, Kopien in einem *Umfang von bis zu 15 Prozent* anzufertigen. Eine solche explizite Obergrenze kennt das UrhG erst seit dem 1. 3. 2018, zuvor wurde die Höchstgrenze durch die eher vage Formulierung „kleine Teile eines Werkes" definiert. Im sogenannten „Gesamtvertrag Schule" wurde die Obergrenze noch weiter konkretisiert: Danach darf der Kopierumfang pro Werk bei höchstens 20 Seiten liegen.

Manche Werke dürfen nicht nur in Auszügen, sondern sogar *vollständig* kopiert werden:

- **Abbildungen**
  Dazu zählen Fotografien oder grafische Darstellungen, die zwar keine Gegenstände, wohl aber gedankliche Inhalte abbilden. Für sie wurde die Obergrenze aufgehoben, da eine Veranschaulichung des Unterrichts mit nur 15 Prozent des Bildwerkes wohl nur wenig zweckdienlich wäre.
- **Einzelne Beiträge aus derselben Fachzeitschrift oder wissenschaftlichen Zeitschrift**
  Das UrhG konkretisiert nicht näher, bis zu welchem Umfang noch von „einzelnen" Beiträgen gesprochen werden kann. Insbesondere ist der Bezugsrahmen unklar: Geht es um einzelne Beiträge aus einer speziellen Ausgabe einer Zeitschrift (z. B. Heft 8/2019) oder ist die Zeitschrift als solche gemeint? Letzteres hätte zur Konsequenz, dass bei einer über viele Jahre erscheinenden Zeitschrift vollständige Ausgaben vervielfältigt werden könnten. Mit Blick auf den Gesetzeszweck – Schutz des Primärmarktes der jeweiligen Zeitschrift[34] – wird man auf die jeweilige Ausgabe abstellen müssen. Ferner scheint es geboten, die Obergrenze von 15 Prozent auch in diesen Fällen anzuwenden. Im Ergebnis dürfen somit zur Veranschaulichung des Unterrichts vollständige Beiträge aus einer Zeitschriftenausgabe kopiert werden, solange nicht mehr als 15 Prozent dieser Ausgabe betroffen sind.[35]
- **Sonstige Werke geringen Umfangs**
  Die Gesetzesbegründung nennt als typische Beispiele Gedichte und Liedertexte. Im „Gesamtvertrag Schule" wurde ferner festgelegt, dass Druckwerke bis zu 25 Seiten und Noten bis zu sechs Seiten als Werke von geringem Umfang anzusehen sind. Film- und Musikwerke haben einen geringen Umfang, wenn sie nicht länger als fünf Minuten andauern.
- **Vergriffene Werke**
  Vergriffene Werke sind urheberrechtlich geschützte Werke, insbesondere Schriftwerke, die nicht mehr lieferbar sind. Sie dürfen vollständig genutzt werden, und zwar unabhängig davon, wie lange sie schon vergriffen sind.
- **Artikel aus der Tagespresse und aus anderen Publikumszeitschriften**
  Obwohl Artikel aus der Tagespresse und aus anderen Publikumszeitschriften (z. B. DER SPIEGEL, stern) eigentlich unter die 15-Prozent-Regel des § 60a Abs. 1 UrhG fallen, haben die Bundesländer und die Rechteinhaber für den Schulbereich im Rahmen des Gesamtvertrags Schule

> eine abweichende Regelung vereinbart, damit möglichst viel von dem erlaubt bleibt, was bis zur Urheberrechtsreform vom 1. 3. 2018 im Alltagsgeschäft der Lehrkräfte zulässig war. Vor diesem Hintergrund dürfen Artikel aus der Tagespresse und aus anderen Publikumszeitschriften ebenfalls vollständig vervielfältigt werden. Allerdings ist die Anzahl auf „einzelne“ Pressebeiträge beschränkt. In Anlehnung an die obigen Ausführungen zu Vervielfältigungen aus Fachzeitschriften und wissenschaftlichen Zeitschriften wird man dafür verlangen müssen, dass der Umfang der kopierten Artikel nicht mehr als 15 Prozent des Gesamtumfangs der jeweiligen Zeitschriftenausgabe beträgt.

Des Weiteren setzt § 60a UrhG voraus, dass es sich um eine Vervielfältigung für den *Unterricht* handelt. Diese Formulierung ist in einem sehr umfänglichen Sinne zu verstehen: Zum Unterricht zählt aus räumlicher Sicht nicht nur der (für die Schule typische) Präsenzunterricht, bei welchem Lehrkräfte und Schüler physisch in einem Klassenraum anwesend sind, sondern auch unkörperliche Nutzungen wie elektronisch gestütztes Lernen (E-learning) und Fernunterricht über das Internet (Distance-learning). In zeitlicher Hinsicht kann es um die Veranschaulichung von Inhalten während des Unterrichts gehen, aber auch um Zeiträume der Vor- und Nachbereitung des Unterrichts.

Die Vervielfältigung muss darüber hinaus den Zweck verfolgen, etwas zu *veranschaulichen.* Mit Blick auf den Wortlaut von Art. 5 Abs. 3 lit. a InfoSoc-RL und dem *Dreistufentest* gemäß Art. 5 Abs. 5 InfoSoc-RL wird man diesen Begriff insgesamt eher restriktiv auslegen müssen und stets unter didaktischen Gesichtspunkten bewerten müssen: Eine Veranschaulichung des Unterrichts liegt nur dann vor, wenn der Lehrstoff durch das fremde Werk verständlicher dargestellt und leichter erfassbar wird. Das ist auch der Fall, wenn die Lektüre der zugänglich gemachten Texte dazu geeignet ist, den im Unterricht behandelten Lehrstoff zu vertiefen oder zu ergänzen.[36] Vervielfältigungen, die nur den Zwecken der schulischen Verwaltung dienen oder reine Dekoration sind, werden grundsätzlich nicht erfasst.[37]

§ 60 Abs. 1 Ziff. 1–3 UrhG legen sodann den Kreis der berechtigten Personen fest, für die – von der Lehrkraft selbst oder von einem Dritten (z. B. einem Mitarbeiter der Schulbibliothek)[38] – eine Vervielfältigung angefertigt werden kann: Hierbei handelt es sich entweder um den *Lehrenden oder die Teilnehmer der jeweiligen Lerngruppe* (Ziff. 1), um *andere Lehrende derselben Bildungseinrichtung* (Ziff. 2) oder um *Dritte,* soweit dies der Präsentation des Unterrichts, von Unterrichts- oder Lernergebnissen an der Bildungseinrichtung dient (Ziff. 3). Nicht zulässig ist es in allen Fällen, dass

Lehrer Kopien auf Vorrat erstellen. Auch dürfen Schüler die Materialien nicht an nachfolgende Jahrgänge weitergeben.[39]

Dass die Veranschaulichung ferner zu *nicht-kommerziellen Zwecken* erfolgen muss, ist eine gesetzestechnische Klarstellung europarechtlicher Vorgaben. Dabei ist nicht entscheidend, ob eine Einrichtung durch die öffentliche Hand oder durch Private betrieben wird, weshalb auch Nutzungen für den Unterricht an Privatschulen erlaubt sind. Ist der Unterricht jedoch darauf ausgerichtet, Gewinn zu erzielen, wie bei kommerziellen privaten Sprachinstituten, greift die gesetzliche Erlaubnis nicht.[40]

2.2.2 Vervielfältigungen aus (Fach-)Büchern, Zeitungen und Zeitschriften

PRAXIS BEISPIEL

Politiklehrer P bereitet seine nächste Unterrichtsstunde zum Thema „Gewaltenteilung“ vor. Aus einem Buch (150 Seiten) möchte er Grundlageninformationen verwenden. In seiner Tageszeitung findet er zudem einen Kommentar, den er gern einscannen möchte. Darf er von diesen fremden Werken Kopien anfertigen?

Legt man das soeben Gesagte zugrunde, dürfte P maximal 20 Seiten aus dem Buch für seine Schüler kopieren. Gegen die vollständige Vervielfältigung des Zeitungskommentars ist nichts einzuwenden, auch wenn Auszüge aus Tageszeitungen in § 60a Abs. 2 UrhG nicht ausdrücklich genannt werden. Möchte P die Vervielfältigungen aus didaktischen Gründen vereinfachen, so muss er die Regeln für das Ändern fremder Werke beachten (vgl. dazu unter Punkt 5).

PRAXIS BEISPIEL

P überlegt, für seine Kollegen aus dem Fachbereich Politik ebenfalls Kopien anzufertigen. Wäre das zulässig?

Aus den vorgenannten Gründen wäre dies seit dem 1.3.2018 möglich: Während früher nur Vervielfältigungen für den eigenen (Unterrichts-)Gebrauch gestattet waren, dürfen Kopien nunmehr auch für andere Lehrkräfte an derselben Bildungseinrichtung angefertigt werden.

PRAXIS BEISPIEL

P ist in Zeitnot. Er bittet den technischen Angestellten seiner Schule, die Kopien für seine Lerngruppe anzufertigen. Darf er das?

§ 60a Abs. 1 UrhG legt lediglich fest, für wen die Vervielfältigungen angefertigt werden dürfen, nicht jedoch durch wen. Insoweit ist es sehr wohl zulässig, dass auch eine andere Person wie ein technischer Angestellter oder die

Mitarbeiter eines Copyshops die Kopien für einen Lehrer herstellen. Vervielfältigungen von Pressebeiträgen, Noten und Unterrichtswerken dürfen nicht von externen Dienstleistern vorgenommen werden.

2.2.3 Vervielfältigungen aus Schulbüchern und anderen Werken zum Unterrichtsgebrauch

PRAXIS BEISPIEL Politiklehrer P findet in einem Schulbuch einen informativen Text, den er ebenfalls für das Arbeitsblatt verwenden möchte. Er ist der Auffassung, dass man aus Schulbüchern doch erst recht kopieren darf und scannt den Text ein. Ist er im Recht?

Zieht man noch einmal den obigen Gesetzestext von § 60a Abs. 3 Nr. 2 UrhG heran, dann ist die Vervielfältigung eines Werkes, das ausschließlich für den Unterricht an Schulen geeignet, bestimmt und entsprechend gekennzeichnet ist, stets nur mit der Einwilligung des Berechtigten zulässig. Kopien aus Schulbüchern und Arbeitsheften dürfen also erst dann erstellt werden, wenn man zuvor die Zustimmung des jeweiligen Rechteinhabers eingeholt hat.

Mit dieser Ausnahmeregelung, die erst durch den sogenannten „2. Korb" im Jahr 2008 in das UrhG eingefügt wurde, wollte man vor allem die Schulbuchverlage schützen, da sie nur die Schulen als Absatzmarkt für ihre Produkte haben und dieser durch das Anfertigen von Kopien aus Schulbüchern möglicherweise zu stark beeinträchtigt würde.[41]

Jeder, der im Bereich Schule tätig ist und hin und wieder den Kopierraum aufsucht, wird wissen, dass gegen diese Vorschrift im Alltag wohl nicht nur einmal verstoßen wird. Um die große Diskrepanz zwischen (Gesetzes-)Theorie und (Schul-)Praxis zu lösen, haben die Bildungs- und Schulbuchverlage gemeinsam mit den Bundesländern sowie den Verwertungsgesellschaften wiederholt Verträge geschlossen, die unter bestimmten Voraussetzungen doch Vervielfältigungen auch aus Schulbüchern und anderen zum Unterrichtsgebrauch bestimmten Werken erlauben. Nach dem bereits vorgestellten „Gesamtvertrag Schule" sind unter den folgenden Voraussetzungen sowohl analoge als auch digitale Kopien aus Schulbüchern und anderen zum Unterrichtsgebrauch bestimmten Werken (Arbeitshefte u. a.) zulässig:

Übersicht 3
Zulässigkeit von Kopien aus Schulbüchern und sonstigen Unterrichtsmaterialien

1. Der *Umfang der Kopie* beträgt maximal 15 Prozent bzw. 20 Seiten.
2. Der Umfang der zulässigen Vervielfältigung beschränkt sich auf ein *Schuljahr* und eine *Schulklasse* bzw. einen *Kurs*.
3. Die *Quelle* (Autor, Buchtitel, Verlag) wird angegeben.
4. Das Unterrichtswerk ist frühestens im *Jahr 2005* erschienen.

Im Gegenzug für das Vervielfältigungsrecht zahlen die Bundesländer neben der Vergütung für Vervielfältigungen nach § 60a UrhG eine weitere pauschalisierte Summe an die jeweiligen Verwertungsgesellschaften.

Die vorgenannten Ausführungen gelten selbstverständlich nicht für Unterrichtsmaterialien in Form von Kopiervorlagen. Bei diesen Produkten findet sich häufig auf der Umschlaginnenseite der Hinweis, dass mit dem Kaufpreis die Erlaubnis zum Kopieren im Klassensatz erworben wurde.

2.2.4 Vervielfältigung von Noten

PRAXIS BEISPIEL

Musiklehrer M möchte mit seinem Kurs für das bevorstehende Schulfest ein fremdes Stück einüben. Die Notenblätter haben einen Umfang von 8 Seiten. M legt die Notenblätter auf den Kopierer und fertigt für alle 18 Kursteilnehmenden eine Vervielfältigung an.

Wie bei den Kopien aus Schulbüchern und anderen zum Unterrichtsgebrauch bestimmten Werken untersagt das UrhG zunächst einmal auch ausdrücklich Vervielfältigungen von Noten bzw. grafischen Aufzeichnungen von Werken der Musik, soweit die Vervielfältigung nicht für deren öffentliche Zugänglichmachung erforderlich ist (vgl. § 60a Abs. 3 Nr. 3 UrhG).

Mit diesem Ausnahmetatbestand will der Gesetzgeber die Rechteinhaber von Musiknoten schützen; hat doch die moderne Kopiertechnik dazu geführt, dass „Chöre, Gesangvereine und andere Musizierende das Notenmaterial nicht in ausreichender Zahl für die Musizierenden kaufen, sondern von einem gekauften oder sogar nur entliehenen Exemplar durch Fotokopien die benötigten Vervielfältigungen selbst herstellen. Da die Herstellung von Notensätzen sehr teuer ist, wirkt sich dieser Eingriff in das Vervielfältigungs- und Verbreitungsrecht besonders nachteilig aus.“[42]

Gleichwohl haben die Bundesländer mit der Verwertungsgesellschaft Musikedition im „Gesamtvertrag Schule“ auch hierfür eine Sonderregelung vereinbart: Danach ist es zulässig, auch eine Notenpartitur bis zu einer Obergrenze von 15 Prozent des Werkumfangs, höchstens jedoch 20 Seiten analog oder digital zu vervielfältigen. Musikeditionen bzw. Musikausgaben bis zu einem Umfang von sechs Seiten dürfen vollständig kopiert werden.

Die Ausnahmeregelung gilt ausschließlich für den Unterrichts- und Prüfungsgebrauch. Noten, die für den Schulchor, das Schulorchester oder die Schulband außerhalb des Pflicht-, Wahlpflicht- oder Wahlunterrichts kopiert werden sollen, werden nicht erfasst.

2.2.5 Herunterladen von Materialien aus dem Internet

PRAXIS BEISPIEL Religionslehrerin R findet im Internet einen spannenden Beitrag über die Entstehung des Christentums. Sie will diesen Text in ein Arbeitsblatt einbinden. Darf sie das?

Ja. Das Herunterladen von fremden Texten, Bildern oder Abbildungen aus dem Internet stellt eine (digitale) Vervielfältigungshandlung dar[43], sodass für die Frage nach der Zulässigkeit auf die bereits oben unter (1) dargestellten Voraussetzungen verwiesen werden kann.

2.2.6 Änderungsverbot

PRAXIS BEISPIEL P scannt aus dem Wochenmagazin „DIE ZEIT" den Kommentar zu einem aktuellen politischen Thema ein, um ihn ausgedruckt an seine Schülerinnen und Schüler zu verteilen. Da er den Text als recht anspruchsvoll empfindet, verändert er ihn derart, dass er schwierige Begriffe ersetzt. Darf er das?

Das kommt darauf an: Das Urheberrechtsgesetz schützt den Urheber eines Werkes grundsätzlich davor, dass sein Werk durch einen Dritten in unzulässiger Weise bearbeitet oder auf eine andere Art und Weise umgestaltet wird. Nur dem Urheber allein steht das Recht zu, den Inhalt seines Werkes zu bearbeiten oder den Umfang zu kürzen. Es besteht insoweit ein allgemeines Änderungsverbot.

Allerdings macht das Urheberrechtsgesetz hiervon für den Bereich des Unterrichts zwei wichtige Ausnahmen:

Sprachwerke dürfen von Lehrkräften in dem Maße verändert werden, wie es für die Veranschaulichung des Unterrichts erforderlich ist. Bei der Frage, welche Änderungen tatsächlich erforderlich sind, wird man einerseits das Interesse des Urhebers an der Integrität seines Werkes berücksichtigen müssen. Andererseits sind unterrichtsdidaktische Erwägungen maßgeblich: Gerade vor dem Hintergrund der zunehmend großen Heterogenität in den Lerngruppen und dem Anspruch, Unterrichtsmaterial „sprachsensibel" aufzubereiten, sind Anpassungen zum Teil unerlässlich, wenn Schüler die Texte verstehen sollen. Vor diesem Hintergrund wird man z. B. Kürzungen, Wortersetzungen sowie Satzumstellungen als zulässige Änderungen ansehen können. Eine besondere Erlaubnis dafür bedürfen Lehrkräfte – anders als andere Nutzer – vom Urheber nicht. Die Änderungen müssen aber deutlich sichtbar kenntlich gemacht werden.

Lichtbildwerke dürfen zur Veranschaulichung des Unterrichts in ihrer Größe verändert werden. Auch ist es zulässig, ein farbiges Bildwerk schwarzweiß zu kopieren (§ 62 Abs. 3 UrhG).

2.2.7 Quellenangabe

PRAXIS BEISPIEL

> Für die nächste Klassenarbeit im Fach Deutsch vervielfältigt die Lehrerin L den Text eines Dichters, dessen Werke sie zuvor mehrfach im Unterricht behandelt hat. L weiß, dass sie grundsätzlich die Quelle am Ende eines vervielfältigten Textes angeben muss. Für die Klassenarbeit würde sie aber gern darauf verzichten, damit die Schüler nicht sofort wissen, von wem der Text ist.

Wird ein fremdes Werk zur Veranschaulichung des Unterrichts vervielfältigt, muss stets die Quelle angegeben werden, § 63 UrhG.

Die Quellenangabe übernimmt dabei verschiedene *Funktionen:* Zunächst einmal soll sie darüber aufklären, wer der Urheber des Originals ist, denn der Schöpfer hat grundsätzlich ein Recht darauf, dass seine Urheberschaft anerkannt wird *(Aufklärungsfunktion).* Auch soll es einem Dritten ermöglicht werden, das Original daraufhin zu überprüfen, ob es auch den durch die Kopie angegebenen Inhalt hat. Das ist vor allem bei wissenschaftlichen Ausarbeitungen von großer Bedeutung, denn erst mit Hilfe der Quellenangabe kann nachvollzogen werden, ob das Original z. B. zutreffend als Stütze für eine bestimmte Argumentation verwendet wurde *(Nachprüffunktion).*

Eng damit verbunden ist die *Schutzfunktion* der Quellenangabe: Sie gibt dem Urheber Schutz davor, dass sein Werk nicht verfälscht wird.

Schließlich kommt der Quellenangabe auch eine *Werbefunktion* zu: Wenn ein interessierter Leser neugierig auf das Original wird, erhält er erst durch die Quellenangabe die Möglichkeit, sich das Werk zu kaufen. Das ist sowohl für den Urheber als auch für den Verlag von großer Bedeutung.[44]

Was gehört nun zu einer vollständigen Quellenangabe? Zunächst einmal die genaue *Urheberbezeichnung,* d. h. der vollständige Name des Urhebers. Der Vorname darf nicht weggelassen werden. Im Übrigen verlangt das Gesetz die Angabe der *Fundstelle.* Dazu gehören alle Informationen, die dem Leser eine eindeutige Zuordnung des Werkes zu einem bestimmten Urheber ermöglichen. Erforderlich ist insoweit der *Titel* oder eine andere Angabe, mit der das Werk bezeichnet ist.

Bei der Vervielfältigung oder Verbreitung ganzer Sprachwerke oder ganzer Werke der Musik ist neben dem Urheber und der Fundstelle auch der *Verlag* anzugeben, in dem das Werk erschienen ist. Außerdem ist kenntlich zu machen, ob an dem Werk Kürzungen oder andere Änderungen vorgenommen worden sind (vgl. § 63 Abs. 1 S. 2 UrhG).

Wo gehört die Quellengabe hin? Das Gesetz spricht insoweit von einer „deutlichen" Quellenangabe, d. h., die Quellenangabe muss so an dem Vervielfältigungsstück angebracht sein, dass sie ohne Weiteres mit dem benutzten Werk oder Werkteil in Verbindung gebracht werden kann.[45] Eine deutliche Quellenangabe liegt daher vor, wenn die erforderlichen Angaben unmittelbar neben dem Abdruck platziert werden.

Von der Pflicht zur Quellenangabe bestehen zwei *Ausnahmen:*

- Die Quelle ist weder auf dem benutzten Werkstück genannt noch dem zur Vervielfältigung oder Verbreitung Befugten anderweit bekannt.
- Prüfungszwecke (Klassenarbeiten, Klausuren, Prüfungen im engeren Sinn) machen – wie im Praxisbeispiel – einen Verzicht erforderlich.

Die folgende Übersicht fasst noch einmal die wichtigsten Anforderungen an eine rechtmäßige Kopie aus einem (Fach-)Buch, einer Zeitung oder einer Zeitschrift zusammen:

Übersicht 4: Zulässigkeit von Vervielfältigungen für den Unterricht (§ 60a UrhG in Verbindung mit dem „Gesamtvertrag Schule"):

1. Bei der Vorlage handelt es sich um ein bereits *veröffentlichtes Werk.*
2. Der Umfang der Vervielfältigung beträgt nicht mehr als *15 Prozent bzw. höchstens 20 Seiten.* Vollständig vervielfältigt werden dürfen
   - Abbildungen (insbesondere Fotografien),
   - einzelne Beiträge aus derselben Fachzeitschrift oder wissenschaftlichen Zeitschrift (Obergrenze: 15 Prozent der jeweiligen Heftausgabe),
   - einzelne Artikel aus der Tagespresse oder aus anderen Publikumszeitschriften (Obergrenze: 15 Prozent der jeweiligen Heftausgabe),
   - sonstige Werke geringen Umfangs (Gedichte, Liedertexte, Druckwerke bis zu 25 Seiten oder Noten bis zu 6 Seiten) sowie
   - vergriffene Werke, unabhängig davon, wie lange sie schon vergriffen sind.
3. Die Vervielfältigung erfolgt zur *Veranschaulichung des Unterrichts* (einschließlich Vor- und Nachbereitung).
4. In den Genuss der Vervielfältigung kommen nur die *Teilnehmer der jeweiligen Lerngruppe* (Lehrkraft und Schüler), *andere Lehrende* an derselben Bildungseinrichtung oder *Dritte,* soweit dies der Präsentation des Unterrichts, von Unterrichts- oder von Lernergebnissen an der Bildungseinrichtung dient.
5. Die Vervielfältigung verfolgt *keine kommerziellen Zwecke.*
6. Die Lehrkraft beachtet das *Änderungsverbot* (§ 62 UrhG) und das Gebot der *Quellenangabe* (§ 63 UrhG).
7. Die Vervielfältigungshandlung kann *analog oder digital* erfolgen.

3 Unterrichtsmaterialien in elektronischer Form

Während im vorherigen Kapitel das Erstellen von Unterrichts- oder Prüfungsmaterialien thematisiert wurde, soll nun der Frage nachgegangen werden, inwieweit eine Lehrkraft geschützte Werke eines Urhebers für ihre Schüler in elektronischer Form bereitstellen darf. Typischerweise sind dies zum einen E-Mails, mit denen Materialien an Schülerinnen und Schüler versendet werden, und zum anderen Internetseiten, auf denen Lehrkräfte Materialien für ihre Schüler zum Download hinterlegen (E-learning). Im ersten Fall ist das ausschließlich dem Urheber zustehende Vervielfältigungsrecht (§ 16 UrhG) betroffen, im letzteren das Recht der öffentlichen Zugänglichmachung (§§ 15 Abs. 2 Nr. 2, 19a UrhG).

3.1 Digitale Verbreitung von (eingescannten) Materialien an Unterrichtsteilnehmer

PRAXIS BEISPIEL

> Informatiklehrer I hat es sich angewöhnt, seine Kursteilnehmer per E-Mail mit Unterrichtsmaterialien zu versorgen. Dazu scannt er vor jeder Unterrichtsstunde zum Thema passende Materialien aus Fach- und Schulbüchern ein und versendet sie per E-Mail-Verteiler an die jeweiligen Jugendlichen.
> Ist das zulässig?

Ja. Immer dann, wenn ein Lehrer etwas aus einem fremden Werk einscannt, stellt er eine Kopie in digitaler Form her. Versendet er diese erste Kopie sodann an einen oder mehrere Adressaten, stellt er eine weitere digitale Kopie her.

Die rechtliche Zulässigkeit der digitalisierten Erstkopie – auch *Digitalisat* genannt – richtet sich grundsätzlich nach § 60a Abs. 1 UrhG und wird ergänzt um die zusätzlich erlaubten Nutzungshandlungen nach dem „Gesamtvertrag Schule“: Maßgeblich ist insoweit die bereits mehrfach erwähnte Obergrenze von 15 Prozent des Gesamtumfangs, die der Nutzer des fremden Werkes beim Vervielfältigen aus Schriftwerken und Schulbüchern (sofern sie ab dem Jahr 2005 erschienen sind) nicht überschreiten darf. Werke geringen Umfangs (zur Erinnerung: Abbildungen wie Fotografien, einzelne Beiträge aus derselben Fachzeitschrift, wissenschaftlichen Zeitschrift, Tageszeitung oder Publikumszeitschrift, sonstige Werke geringen Umfangs wie Gedichte, Liedertexte, Druckwerke bis zu 25 Seiten oder Noten bis zu 6 Seiten) sowie vergriffene Werke dürfen auch vollständig eingescannt werden, unabhängig davon, wie lange sie schon vergriffen sind.

Um Rechtssicherheit darüber herzustellen, wie Lehrkräfte mit ihren Digitalisaten umgehen dürfen, wurden im „Gesamtvertrag Schule“ folgende Konkretisierungen getroffen:

- Lehrkräfte dürfen Digitalisate digital per *E-Mail* an ihre Schüler für den Unterrichtsgebrauch (einschließlich der Unterrichtsvor- und -nachbereitung) weitergeben.
- Lehrkräfte dürfen Digitalisate *ausdrucken* und die Ausdrucke an ihre Schüler weitergeben.
- Lehrkräfte dürfen Digitalisate für ihre Schüler über *PCs, Whiteboards oder Beamer* wiedergeben.
- Lehrkräfte dürfen Digitalisate im jeweils erforderlichen Umfang abspeichern, wobei auch ein Abspeichern auf *mehreren Speichermedien* der Lehrkraft gestattet ist (PC, Whiteboard, iPad, Laptop); ein Zugriff durch Dritte muss jedoch durch effektive Schutzmaßnahmen wie Passwörter verhindert werden.

3.2 Einstellen von (eingescannten) Unterrichtsmaterialien auf Lernplattformen (E-learning)

PRAXIS BEISPIEL

L ist von den Möglichkeiten des Internets sehr angetan. Um ihren Schülern eine optimale Nachbereitung des Unterrichts zu ermöglichen, richtet sie eine Internetseite ein, auf die sie nach jedem Schultag die benutzten Arbeitsblätter sowie sonstige Medien wie Filme hochlädt. Sie erklärt ihren Schülern, dass sie einfach auf die jeweilige Internetseite gehen müssten. Die Materialien für die einzelnen Klassen und Kurse befinden sich jeweils in einem eigenen Ordner.

Zum Recht der öffentlichen Wiedergabe gem. § 15 Abs. 2 UrhG, das dem Urheber die unkörperliche Verwertung eines geschützten Werkes sichert, gehört auch das Recht der öffentlichen Zugänglichmachung.[46] Danach ist es nur dem Urheber gestattet, das Werk in das Internet oder in andere Netzwerke einzustellen, damit es von Dritten abgerufen werden kann.

§ 19a UrhG umschreibt es so: „Das Recht der öffentlichen Zugänglichmachung ist das Recht, das Werk drahtgebunden oder drahtlos der Öffentlichkeit in einer Weise zugänglich zu machen, dass es den Mitgliedern der Öffentlichkeit von Orten und zu Zeiten ihrer Wahl zugänglich ist.“

Typische Fälle für öffentliche Zugänglichmachung sind das Hochladen von geschützten Werken auf eine Homepage oder in eine Tauschbörse, die Nutzung sogenannter File-Sharing-Systeme oder die Verwendung geschützter Inhalte in Podcasts oder Streams.[47] Ob bzw. unter welchen Umständen auch das Setzen eines Internetlinks eine öffentliche Zugänglichmachung darstellt, wird an späterer Stelle thematisiert.[48]

3.2.1 Öffentliche Zugänglichmachung für Unterrichtszwecke

Das ausschließlich dem Urheber zustehende Verwertungsrecht der öffentlichen Zugänglichmachung wird allerdings zur Veranschaulichung des Unterrichts und der Lehre an Bildungseinrichtungen ebenfalls durch § 60a UrhG eingeschränkt.

Insoweit kann auf die obigen Ausführungen zur Anfertigung von Kopien weitgehend zurückgegriffen werden (vgl. noch einmal Übersicht 3, S. 31): Zur *Veranschaulichung des Unterrichts* dürfen bis zu 15 Prozent aus einem bereits veröffentlichten Werk vervielfältigt und öffentlich zugänglich gemacht werden. Abbildungen (insbesondere Fotografien), einzelne Beiträge aus derselben Fachzeitschrift oder wissenschaftlichen Zeitschrift, sonstige Werke geringen Umfangs (Druckwerke bis zu 25 Seiten oder Noten bis zu 6 Seiten) sowie vergriffene Werke (unabhängig davon, wie lange sie schon vergriffen sind) dürfen in vollem Umfang hochgeladen werden.

3.2.2 Notwendigkeit eines abgegrenzten Kreises von Adressaten

Die Nutzungshandlungen nach § 60a Abs. 1 UrhG dürfen nur einem ganz klar bestimmten Adressatenkreis zu Gute kommen: Lehrenden und Teilnehmern der jeweiligen Veranstaltung sowie Lehrenden und Prüfern an derselben Bildungseinrichtung. Alle anderen Schülerinnen und Schüler der Schule werden grundsätzlich nicht erfasst.[49]

Wenn also fremde Werke in das Internet zur Veranschaulichung des Unterrichts eingestellt werden sollen, muss unbedingt sichergestellt werden, dass tatsächlich auch nur dieser abgegrenzte Personenkreis auf die Werke zugreifen kann. Es bedarf insoweit technischer Vorkehrungen wie Passwörter oder andere Zugangssperren. Bei der Auswahl der technischen Schutzvorrichtungen ist auch zu berücksichtigen, inwieweit Missbräuche z. B. durch die Weitergabe von Passwörtern auftreten können. Zwar wird man eine vollständige Abschottung in der Praxis kaum umsetzen können, doch wird man das jeweilige System im Zweifelsfall zumindest soweit anpassen müssen, dass Umgehungen auf ein verträgliches Maß reduziert werden.

In unserem Praxisbeispiel darf L also die Materialien nicht auf einer ungeschützten Internetseite bereithalten, zu der jeder Internetnutzer ohne Weiteres Zugriff hat. Vielmehr muss er dafür Sorge tragen, dass sich nur seine Kursteilnehmer mit Hilfe von Passwörtern Zugang verschaffen können.

3.2.3 Eingeschränkter Upload von Beiträgen aus Tageszeitungen

Einzelne Beiträge aus der Tagespresse und aus anderen Publikumszeitschriften (z. B. DER SPIEGEL, stern) dürfen nach derzeit geltendem Recht zwar vollständig (analog oder digital) vervielfältigt und sodann elektronisch an Schüler weitergegeben werden. Allerdings verbietet der „Gesamtvertrag Schule" in der Fassung vom 20. Dezember 2018 die öffentliche Zugänglichmachung eines solchen Beitrags in seinem vollen Umfang.

Daher gilt für diese Werke die gesetzliche Regel des § 60a Abs. 1 UrhG, wonach lediglich 15 Prozent des Artikels in ein Intranet hochgeladen werden dürfen.

3.2.4 Kein Upload von Digitalisaten aus Schulbüchern

PRAXIS BEISPIEL

An der Schule von Lehrerin L wird eine kommerzielle Lernplattform genutzt. L will dort Digitalisate aus Schulbüchern hinterlegen, damit sich ihre Schülerinnen und Schüler gut auf die nächste Klassenarbeit vorbereiten können.

Von der „Schranke" des § 60a UrhG ausdrücklich ausgenommen sind solche Werke, die gerade für den Unterrichtsgebrauch an Schulen bestimmt sind (Schulbücher, Übungshefte). Auch der „Gesamtvertrag Schule" enthält insoweit keine abweichenden Regelungen, sondern weist vielmehr nochmals ausdrücklich auf das Verbot hin.

Mit dieser Ausnahmevorschrift will der Gesetzgeber vermeiden, dass in den Primärmarkt der Schulbuchverlage eingegriffen wird. Möchte man trotzdem Teile aus Schulbüchern hochladen, so ist zwingend die Einwilligung des Urhebers erforderlich.[50]

Aus Schulbüchern und anderen zu Unterrichtszwecken bestimmten Werken dürfen somit im Ergebnis (analoge und digitale) Kopien hergestellt und (analog und digital) verbreitet werden. Allerdings ist es verboten, Digitalisate aus Schulbüchern und anderen zu Unterrichtszwecken bestimmten Werken in das Internet hochzuladen, auch wenn es sich dabei um eine zugangsgeschützte Lernplattform handelt.

3.2.5 Pflicht zur Quellenangabe

Immer dann, wenn ein fremdes Werk öffentlich zugänglich gemacht werden soll, muss die Quelle einschließlich des Namens des Urhebers angegeben werden, es sei denn, dass dies nicht möglich ist.[51]

3.2.6 Änderungsverbot

Für öffentlich zugänglich gemachte Werke gilt genau wie für hergestellte Vervielfältigungen, dass die fremden Werke nicht verändert werden dürfen. Insoweit kann auf die bereits gemachten Ausführungen verwiesen werden.

4 Leistungskontrollen und Prüfungsmaterialien

PRAXIS BEISPIEL

Die Lehrerin L möchte für die nächste Klassenarbeit im Fach Geschichte eine Quelle aus dem Schulbuch „Forum Geschichte“ einscannen. Sie überlegt, ob sie für Klassenarbeiten oder Prüfungen etwas Besonderes beachten muss.

Nein. Leistungskontrollen wie Klassenarbeiten und Klausuren, die am Ende von Unterrichtseinheiten durchgeführt werden, gehören grundsätzlich noch zur „Veranschaulichung des Unterrichts“ gem. § 60a Abs. 1 Nr. 1 UrhG.[52] Insoweit gilt für den zulässigen Kopierumfang, das grundsätzliche Änderungsverbot sowie die Pflicht zur Quellenangabe das oben Gesagte.

Vervielfältigungen für förmliche bzw. staatliche Prüfungen, mit denen Berechtigungen verbunden sind, werden von § 60a Abs. 1 Nr. 2 UrhG erfasst. Auch für die Erstellung solcher Prüfungsmaterialien gelten die bisherigen Ausführungen.

5 Mediengestützte Präsentationen von Unterrichtsinhalten

5.1 Präsentationen durch Lehrkräfte

PRAXIS BEISPIEL L bereitet die nächste Geschichtsstunde zum Thema „Wendejahre“ vor. Sie möchte ihrer Klasse dazu eine PowerPoint-Präsentation mit zahlreichen Fotos aus den Jahren 1989/1990 zeigen. Die Fotos dafür möchte sie unter anderem aus einem Fachbuch einscannen und aus dem Internet herunterladen.

Bis zum 1.3.2018 bewegte sich jede Lehrkraft zumindest aus rechtlicher Sicht auf gewissem Glatteis, wenn sie für mediengestützte Präsentationen fremde Bilder verwendete: Mit Inkrafttreten des UrhWissG hat sich diese Rechtslage zugunsten der Lehrkräfte konkretisiert, denn der neue § 60a UrhG gestattet nun ausdrücklich nicht nur die (vollständige) Vervielfältigung eines fremden Bildes, sondern auch dessen öffentliche Wiedergabe. Selbst wenn man also der Minderheitsmeinung folgt und davon ausgeht, dass eine einzelne Klasse oder ein einzelner Kurs eine Öffentlichkeit im Sinne von § 15 Abs. 3 UrhG darstellt, ist die Einbindung von fremden Abbildungen in mediengestützte Präsentationen zur Veranschaulichung des Unterrichts nunmehr ausdrücklich erlaubt.[53]

Bitte rufen Sie sich aber in Erinnerung, dass der Begriff der „Veranschaulichung“ eng und restriktiv auszulegen ist (vgl. oben unter 2.2.1): Zulässig sind nur solche fremden Bildwerke, die einen Bezug zu den konkreten Unterrichtsinhalten haben. Der Einsatz der fremden Bildwerke muss sich didaktisch begründen lassen: Wird der Lehrstoff durch das fremde Werk verständlicher dargestellt und leichter erfassbar? Ist das verwendete Bild dazu geeignet, den im Unterricht behandelten Lehrstoff zu vertiefen oder zu ergänzen?[54] Bilder, die schlicht der Ausschmückung einer Präsentation dienen, dürfen im Interesse des jeweiligen Urhebers nicht verwendet werden.

5.2 Präsentationen durch Schülerinnen und Schüler

PRAXIS BEISPIEL

In der Spanischstunde hält Schülerin S ein Referat über die spanische Stadt Córdoba. Sie lädt sich hierfür unter anderem aus einem Online-Reiseportal ein Bild herunter und bindet es in ihre Präsentation ein. Unter der Fotografie notiert sie einen Hinweis auf die Internetseite.

Schülerreferate sind ein fester Bestandteil des Unterrichtsalltags. Auch sie enthalten sehr häufig zahlreiche fremde Bildwerke, die von den Schülern in der Regel unbedarft aus dem Internet heruntergeladen und in ihre Präsentation eingebunden werden. Daher stellt sich die Frage, ob der Erlaubnistatbestand des § 60a Abs. 1 UrhG auch für Vorträge der Teilnehmer der Veranstaltung bzw. für Schüler der Klasse gilt.

§ 60a Abs. 1 UrhG knüpft die Erlaubnis, ein fremdes (Bild-)Werk zur Veranschaulichung des Unterrichts öffentlich wiederzugeben, nicht daran, wer die Handlung vornimmt, sondern für wen sie vorgenommen wird. Aus diesem Grund spielt es grundsätzlich keine Rolle, ob Lehrkräfte oder Schüler fremde Bildwerke in einer Präsentation verwenden, denn in beiden Fällen ist der Adressatenkreis der öffentlichen Wiedergabe derselbe: die Teilnehmer der Klasse bzw. des Kurses.

Doch auch hier gilt das soeben Gesagte: Die verwendeten fremden Bildwerke müssen nach dem Dreistufentest einen Bezug zu den Inhalten des Referats haben. Bilder, die schlicht der Ausschmückung einer Präsentation dienen, dürfen im Interesse des jeweiligen Urhebers nicht ohne Weiteres verwendet werden.

5.3 Hochladen von Präsentationen auf die Schulhomepage

PRAXIS BEISPIEL

Der Spanischlehrer ist von dem „Córdoba"-Referat so begeistert, dass er die für die Schulhomepage verantwortliche Kollegin bittet, das Referat online zu stellen. Durch Zufall wird der Urheber des verwendeten Fotos auf das Bild aufmerksam und verlangt Schadensersatz für die unerlaubte Nutzung seines Fotos (nach EuGH, Urt. v. 7. 8. 2018 – C-161/17 = NJW 2018, S. 3501 – Córdoba).

Dieser Fall hatte es bis vor den EuGH geschafft! Das Hochladen eines fremden Werkes in das World Wide Web – in diesem Fall der Córdoba-Fotografie – stellt aus urheberrechtlicher Sicht eine öffentliche Zugänglichmachung gem. § 19a UrhG dar. Bis zum 1. 3. 2018 war Lehrkräften diese Nutzungshandlung nur dann gestattet, wenn die fremden Werke in ein geschütztes

Intranet eingestellt wurden. Die Rechtsfrage, die sich somit stellte, lautete vereinfacht ausgedrückt: Kann man ein Foto, das der Internetöffentlichkeit frei zugänglich ist, durch Hochladen auf eine andere Internetseite ein zweites Mal öffentlich zugänglich machen?[55]

Diese Frage ist nunmehr unbeachtlich, gestattet doch der neue § 60a Abs. 1 Nr. 3 ausdrücklich die öffentliche Zugänglichmachung fremder Werke für Dritte im Umfang bis zu 15 Prozent, soweit dies der Präsentation des Unterrichts, von Unterrichts- oder Lernergebnissen an der Bildungseinrichtung dient. Nach § 60a Abs. 2 UrhG dürfen fremde Bildwerke sogar vollständig öffentlich zugänglich gemacht werden.

Wichtig ist in diesem Zusammenhang zum einen, dass es sich bei der hochgeladenen Datei um ein Unterrichtsergebnis wie ein Referat o. Ä. handelt, denn die gesetzliche Neuerung will Bildungseinrichtungen die Möglichkeit einräumen, auf einer Schulhomepage Einblicke in ihre Unterrichtstätigkeit zu geben. War das fremde Werk zuvor nicht Gegenstand im Unterricht einer Lerngruppe, darf es nicht online gestellt werden.

Zum anderen ist von Bedeutung, dass der Urheber für die (erneute) öffentliche Zugänglichmachung seines Werkes einen Vergütungsanspruch hat (vgl. § 60h Abs. 2 Nr. 1 UrhG). Dieser Vergütungsanspruch wird vom „Gesamtvertrag Schule“ abgedeckt.

6 Vorführen von Film- und Fernsehsendungen

Es gehört zum Lehreralltag, dass Filmwerke vollständig oder in Ausschnitten im Unterricht zum Einsatz kommen, sei es als Methode zur erstmaligen Erarbeitung eines Unterrichtsinhaltes oder schlicht zur Verdeutlichung eines bereits bekannten Sachverhaltes. Dieses Vorführen ist aus rechtlicher Sicht solange unproblematisch, wie der Film aus einer der zahlreichen Bildstellen oder Medienzentren stammt, da für diese Filmwerke (aus der eigenen Schulzeit sind vermutlich die FWU-Filme in Erinnerung!) die erforderlichen Nutzungsrechte eingeholt wurden. Solche Filmwerke dürfen in voller Länge im Unterricht wiedergegeben werden.

Schwieriger sind hingegen jede Fälle zu beurteilen, in denen Lehrkräfte private oder aus einer Videothek ausgeliehene Filmwerke in ihrer Klasse vorführen wollen. Rechtsfragen treten ebenfalls auf, wenn Filme aus dem Fernsehen aufgezeichnet werden sollen oder der Lehrer einen Film streamen möchte – ein funktionierendes Internet vorausgesetzt.

6.1 Schulunterricht als *öffentliche* Veranstaltung?

PRAXIS BEISPIEL

Der Geschichtslehrer einer 11. Klasse möchte größere Teile des Films „Hannibal“ zeigen. Er fragt sich, ob er den Film im Unterricht vorführen darf.

Die Beantwortung der Frage, ob Schulklassen eine „Öffentlichkeit“ im Sinn des § 15 Abs. 3 UrhG bilden, ist für Lehrkräfte von großer Bedeutung: Die aktuelle Rechtslage gestattet es, zur Veranschaulichung des Unterrichts fremde Filmwerke im Umfang von bis zu 15 Prozent ihrer Gesamtlänge öffentlich wiederzugeben. Hat das fremde Filmwerk eine Gesamtlänge von rund fünf Minuten, darf es auch vollständig gezeigt werden. Diese Obergrenzen wären jedoch nur dann für Lehrkräfte beachtlich, wenn man den ganz alltäglichen Schulunterricht in Klassen bzw. Kursen als „öffentliche“ Veranstaltung charakterisiert und von einer „öffentlichen“ Wiedergabe ausgeht. Macht man das hingegen nicht, dann läge keine urheberrechtlich relevante Nutzungshandlung vor und die Lehrkraft dürfte auch längere Filmpassagen bis hin zur vollständigen Filmlänge in ihrem Unterricht wiedergegeben.

Die ganz überwiegende Meinung in der juristischen Literatur geht zu Recht davon aus, dass der Unterricht im Klassenverband – gleich ob Primarstufe, Sekundarstufe I oder Sekundarstufe II – *keine Öffentlichkeit* im Sinn des § 15 Abs. 3 UrhG darstellt.[56] Dafür spricht, dass Lehrkräfte sowohl mit ihren Schülern als auch mit deren Eltern auf eine bestimmte Art persönlich verbunden sind, nämlich über den staatlichen Erziehungsauftrag (welcher für die Zeit des Schulbesuches dem elterlichen Erziehungsrecht gleichgeordnet ist), über die dienstliche Aufsichtspflicht und über die Verpflichtung zur Zusammenarbeit mit den Eltern. Das Verbindende ist insoweit die persönliche Verantwortung der Lehrkraft für diese drei Bereiche. Dass die Beziehung zwischen Schülern, Eltern und Lehrern manchmal dabei auch sehr herausfordernd und nüchtern sein kann, ist für das Vorliegen einer persönlichen Beziehung im Sinn von § 15 Abs. 3 UrhG unbeachtlich: Entscheidend ist vielmehr, dass unter den Beteiligten ein enger gegenseitiger Kontakt besteht, der das Bewusstsein hervorruft, persönlich miteinander verbunden zu sein.[57]

Außerdem wird dieses Ergebnis auch durch die jüngere Rechtsprechung des EuGH gestützt. Dieser unternimmt für die Beantwortung der Frage, ob eine Öffentlichkeit bzw. öffentliche Wiedergabe im Sinne der gemeinschaftsrechtlichen Vorgaben[58] vorliegt, eine Gesamtbetrachtung, in die er – mehr oder weniger konsequent – verschiedene Kriterien einbezieht: kein privater bzw. familiärer Kreis, eine entsprechende Zahl von Mitgliedern der Öffentlichkeit, Aufnahmebereitschaft des Publikums, Absicht zur Anbietung einer Dienstleistung bzw. Verfolgung eines Erwerbszwecks.[59]

Wendet man diese Kriterien auf schulische Lerngruppen an, dann mangelt es einerseits wohl an dem Erfordernis einer „entsprechenden Zahl von Mitgliedern der Öffentlichkeit". Diesem Kriterium wohnt nach Ansicht des Gerichtshofs ein dynamisches Moment inne mit einer hohen Fluktuation der Adressaten. Ist der potenzielle Empfängerkreis in seiner Zusammensetzung hingegen stabil und bestimmt, wie beispielsweise in einer Zahnarztpraxis oder eben bei einer schulischen Lerngruppe, dann spräche das gegen das Vorliegen einer Öffentlichkeit.[60] In einer jüngeren Entscheidungen stellte der EuGH in diesem Zusammenhang noch einmal klar, dass „der Begriff ‚öffentlich' eine bestimmte Mindestschwelle beinhaltet, womit dieser Begriff eine allzu kleine oder gar unbedeutende Mehrzahl betroffener Personen ausschließt" bzw. „dass ‚Öffentlichkeit' begrifflich eine unbestimmte Zahl potenzieller Leistungsempfänger bedeutet und ferner aus recht vielen Personen bestehen muss."[61]

Andererseits führen Lehrkräfte Filmwerke in ihrem Unterricht auch nicht deshalb vor, weil sie damit eine bestimmte Dienstleistung erbringen wollen, von der sie sich einen finanziellen Nutzen erwarten. In einer Gesamtbetrachtung wird man daher zu dem Ergebnis kommen müssen, dass bei schulischen Lerngruppen auch unter Anwendung europarechtlicher Kriterien keine „Öffentlichkeit" im Sinn von § 15 Abs. 3 UrhG gegeben ist.

Schließlich ging auch die Bundesregierung in ihrem Referentenentwurf zum neuen UrhWissG davon aus, dass es sich bei Schulklassen und anderen kleinen, regelmäßig zusammen unterrichtenden Gruppen wie Referendaren in einer Seminargruppe während des Lehramtsreferendariats nicht um eine „Öffentlichkeit" im Sinn von § 15 Abs. 3 UrhG handelt. Im eigentlichen Gesetzesentwurf findet sich dieser Passus dann jedoch nicht mehr.

Insgesamt gibt es nur wenige Gegenstimmen, die eine abweichende Meinung vertreten. Nach Haupt beispielsweise fehle es deshalb an einer persönlichen Beziehung zwischen Lehrkräften, Schülern und Eltern, weil „gerade die häufigere und härtere Gewalt an Schulen […] ein Indiz für die schwindende Nähebeziehung" sei.[62] Für die Praxis hätte diese Sichtweise die Konsequenz, dass man zukünftig zwischen ruhigen (intakten) Klassen und solchen, in denen es zu „Spannungen" kommt, unterscheiden müsste – eine wenig befriedigende Lösung.

Zusammengefasst stellt das Vorführen eines Filmwerks in Lerngruppen, die noch im Klassenverband unterrichtet werden, keine öffentliche Vorführung dar. Der Lehrer verletzt kein Verwertungsrecht, das allein dem Urheber vorbehalten wäre. Daran ändert sich auch dann nichts, wenn es sich um eine gemeinsame schulische Veranstaltung mit den Eltern der Schüler handelt (z. B. wenn die Klasse einen Abend für Eltern gestaltet, in dessen Rahmen der Film auszugsweise gezeigt werden soll), denn in diesem Fall folgt die persönliche Verbundenheit aus dem gemeinsamen Erziehungsauftrag von Eltern und Schule.[63]

PRAXIS BEISPIEL

Bei der Lerngruppe aus dem vorhergehenden Beispiel handelt es sich nicht um eine 7. Klasse, sondern um einen Leistungskurs Geschichte der 11. Jahrgangsstufe. Was ist nun anders?

Fraglich könnte sein, ob man auch noch beim Unterricht im *Kurssystem,* wie er beispielsweise in der Gymnasialen Oberstufe regelmäßig stattfindet, noch von einer persönlichen Verbundenheit sprechen kann, setzen sich die einzelnen Lerngruppen in der Regel doch aus unterschiedlichen Schülerinnen und Schülern zusammen. Das steht der persönlichen Verbundenheit jedoch nicht entgegen.[64] Für das Vorliegen einer persönlichen Verbundenheit auch im Kurssystem spricht die Überlegung, dass es sich bei der Lerngruppe um eine geschlossene Gruppe handelt. Es sind gerade nicht Teilnehmer, die nur für einen kurzen Zeitraum gemeinsam arbeiten, sondern die Kurse bleiben in der Regel für zwei Jahre, teilweise sogar über drei Jahre erhalten. Nach der allgemeinen Lebenserfahrung wird man davon ausgehen können, dass sich in dieser Zeit zumindest unter den Schülerinnen und Schülern eine persönliche Verbundenheit aufbaut.[65]

6.2 Wiedergabe von Filmwerken im Unterricht

Aus der Tatsache, dass das Abspielen von Filmwerken im Unterricht einer Klasse bzw. eines Kurses keine öffentliche Wiedergabe darstellt, darf jedoch nicht ohne Weiteres der Schluss gezogen werden, dass damit automatisch alle Vorführungen im Unterricht erlaubt sind. Es muss vielmehr noch weiter geprüft werden, welcher „Art“ das Medium ist.

6.2.1 Abspielen gekaufter Filme

PRAXIS BEISPIEL

Für die Vorführung des Films „Hannibal“ kauft sich der Geschichtslehrer eine Original-DVD. Auf der Rückseite befindet sich der Aufdruck „Der Besitz dieser Disc berechtigt ausschließlich zur Benutzung im privaten Bereich. Jede darüber hinaus gehende Nutzung, z. B. öffentliche Vorführung, ist untersagt.“ G ist sich nicht sicher, ob er den Film verwenden darf.

Das Abspielen gekaufter Filme, sei es als Blu-Ray, DVD oder Videokassette, ist wie soeben dargestellt nach weit verbreiteter Ansicht in der wissenschaftlichen Literatur zulässig. Daran ändert sich auch dann nichts, wenn sich auf der Verpackung der Hinweis „Nur für den privaten Gebrauch“ o. Ä. befindet. Da es sich bei der Vorführung um eine nicht-öffentliche Wiedergabe handelt, findet das Urheberrecht keine Anwendung. Damit kann auch ein entsprechender Hinweis keine Rechtswirkung entfalten.[66]

6.2.2 Abspielen aufgenommener Sendungen und anderer Privatkopien

PRAXIS BEISPIEL

Wie es der Zufall will, zeigt ein Fernsehsender eine spannende Dokumentation über „Hannibal“. G nimmt sich den Beitrag auf seine Festplatte auf und brennt sich die Sendung später auf eine DVD. Darf er auch diese Sendung im Unterricht vorführen?

Nein. Zwar handelt es sich immer noch um eine nicht-öffentliche Wiedergabe, doch nimmt die Lehrkraft in diesem Fall eine urheberrechtlich relevante Nutzungshandlung vor – und zwar vor der eigentlichen Filmvorführung: Sie zeichnet ein fremdes Werk auf, was aus urheberrechtlicher Sicht eine Vervielfältigung darstellt. Während lange Zeit für berufliche Zwecke lediglich kleine Teile eines Werkes auf analogem Wege (z. B. Video-, nicht jedoch Festplattenrecorder!) vervielfältigt werden durften, hat sich die Rechtslage mit Einführung des neuen UrhWissG zum 1.3.2018 grundlegend geändert: Nun dürfen fremde Filmwerke auf jegliche Art und Weise aufgezeichnet (bzw. vervielfältigt) werden, wobei der Umfang auf maximal 15 Prozent begrenzt ist (vgl. noch einmal § 60a Abs. 1 UrhG).

Im Ergebnis dürften im obigen Beispiel 15 Prozent des Films aufgezeichnet und im Unterricht abgespielt werden, nicht jedoch der gesamte Film.

6.2.3 Abspielen ausgeliehener Filme aus Bild- bzw. Medienstellen

Bei Filmen, die aus Bild- oder Medienstellen ausgeliehen werden, stellt sich die Frage nach der Zulässigkeit der Wiedergabe in der Regel nicht, denn für diese Filme wurden bereits durch die jeweilige Bild- oder Medienstelle die notwendigen Nutzungsrechte erworben. Ein typischer Hersteller von Filmwerken mit eingeräumter Nutzungslizenz ist das FWU (Institut für Film und Bild in Wissenschaft und Forschung).

6.2.4 Abspielen ausgeliehener Filme aus Videotheken

Da es sich bei Vorführungen im Klassen- bzw. Kursverband nicht um öffentliche Wiedergaben im Sinn von § 15 Abs. 3 UrhG handelt, stellt sich allein die Frage, ob Hinweise der Verleiher wie „Nur für den privaten Gebrauch" die Nutzung untersagen könnten. Soweit ersichtlich, fehlt es bisher an einer Antwort durch die Rechtsprechung. Man wird aber wohl genau wie für die Nutzungshinweise auf käuflich erworbenen Originalfilmen davon ausgehen müssen, dass solche Hinweise für das Vorführen im Unterricht keine Bedeutung haben.[67]

6.2.5 Abspielen von Internetinhalten (Streams)

PRAXIS BEISPIEL

> Politiklehrer P findet bei einem Videoportal einen Beitrag zum Themenbereich „Extremismus". Da das Internet in seiner Schule derzeit einigermaßen funktioniert, möchte er das Video in seiner Klasse gern vollständig streamen. Darf er das?

Die Beantwortung dieser Frage ist ein wenig kompliziert und hängt vor allem von technischen Einstellungen am jeweiligen Browser ab. Da aber vermutlich einige Leser kein gesteigertes Interesse an vertieften Ausführungen zu technischen Details haben werden, kommt hier eine erste pauschale Antwort: Ja, er darf das, sofern die Daten nur für die Wiedergabe der Datei auf dem PC zwischengespeichert werden – was in der Regel der Fall ist.

Für alle, die ein wenig mehr wissen möchten: Auch das Streaming im Klassen- bzw. Kursverband stellt grundsätzlich keine öffentliche Wiedergabe dar, womit das Urheberrechtsgesetz eigentlich auch nicht anwendbar wäre. Allerdings ist mit jedem Streaming-Vorgang, sei es als Live-Stream oder als On-Demand-Stream, technisch zwingend eine Vervielfältigung verbunden, denn die Daten aus dem Internet müssen stets erst auf dem Rechner gespeichert werden, bevor sie an einem Monitor, einem Beamer oder einem Smartboard angesehen werden können – und damit liegt dann eben doch eine urheberrechtlich beachtliche Nutzungshandlung vor.

§ 44a UrhG gestattet solche vorübergehenden Vervielfältigungshandlungen, sofern sie – etwas verkürzt gesagt – flüchtig oder begleitend sind, einen integralen und wesentlichen Teil eines technischen Verfahrens darstellen, keine eigenständige wirtschaftliche Bedeutung haben und die Vervielfältigungshandlung eine rechtmäßige Nutzung des Werkes ermöglichen soll.

Mit anderen Worten: Das Ansehen von Videostreams ist ohne Erlaubnis nur dann zulässig, wenn die Daten lediglich *vorübergehend* auf dem PC gespeichert werden. Das ist normalerweise beim Windows Media Player, QuickTime Player, RealPlayer oder VLC-Media-Player der Fall, da die Daten in den Zwischenspeicher (Cache) des PC geladen werden und dieser beim Schließen des Programms automatisch gelöscht wird. Selbiges gilt in der Regel für Wiedergaben, die unmittelbar innerhalb einer Internetseite (z. B. einem Videoportal) erfolgen. Wird der Stream hingegen mit Hilfe eines DivX-Players angesehen, findet eine dauerhafte Speicherung auf dem PC statt. Gleiches gilt, wenn die Speichereinstellungen der herkömmlichen Media Player verändert werden.

PRAXIS BEISPIEL Der Film, den Politiklehrer P streamen möchte, wurde ohne Zustimmung des Rechteinhabers auf einem Videoportal hochgeladen. Dass der Film dort rechtswidrig zugänglich gemacht wurde, kann Lehrer P allerdings nicht ohne Weiteres erkennen. Er zeigt den Film in vollem Umfang in seinem Unterricht.

Was meinen Sie, liebe Leserin und lieber Leser? Kann man Politiklehrer P den Vorwurf machen, den Film in unzulässiger Weise gezeigt zu haben? Schaut man zunächst einmal ganz nüchtern in den Gesetzestext, dann müsste er sich diesen Vorwurf gefallen lassen: Nach § 44a UrhG sind grundsätzlich nur solche Zwischenspeicherungen zulässig, die eine *rechtmäßige Nutzung* des Internetangebots ermöglichen wollen. Bei Angeboten der öffentlich-rechtlichen Sender sowie anderen seriösen Anbietern wird das nahezu immer der Fall sein, denn sie haben die Videos ja gerade zu dem Zweck online verfügbar gestellt, dass sie von Dritten angesehen werden können.

Nach der Rechtsprechung des EuGH fehlt es dagegen zumindest immer dann an der Rechtmäßigkeit einer Nutzungshandlung, wenn ein Nutzer weiß, dass ein fremdes Werk in unzulässiger Weise im Internet verfügbar ist und er es trotzdem abruft.[68] In dem genannten Fall hatte ein Nutzer einen Mediaplayer verwendet, bei dem solche Hyperlinks zu Websites vorinstalliert waren, auf denen urheberrechtlich geschützte Werke wie Filme, Serien und Live-Sendungen ohne Zustimmung der Rechtsinhaber unmittelbar zugänglich gemacht worden sind.

Wie ist es aber, wenn der Nutzer diese Kenntnis gerade nicht hat und er nicht weiß, dass die Inhalte rechtswidrig im Internet verfügbar sind? Um eine Antwort auf diese Frage zu finden, wird seit einiger Zeit intensiv in der Literatur darüber diskutiert, ob man nicht die Inhalte einer anderen Schrankenvorschrift des UrhG auf § 44a UrhG übertragen sollte: § 53 Abs. 1 UrhG gestattet (analoge und digitale) Vervielfältigungen für den rein privaten Gebrauch, sofern sie nicht offensichtlich rechtswidrig sind. Sollte man daher nicht auch für das Streaming zwischen „offensichtlich" rechtswidrigen und „bloß" rechtswidrigen Inhalten unterscheiden und einem Nutzer nur dann einen Vorwurf machen, wenn der abgerufene Inhalt offensichtlich rechtswidrig in das Internet hochgeladen wurde?[69]

So spannend und interessant diese Rechtsfrage auch sein mag, so wenig passt sie doch für den Lehreralltag! Lehrkräfte streamen fremde Filmwerke in ihrem Unterricht nie zu privaten Zwecken, sondern immer zu beruflichen – und damit verbietet sich auch ein Blick auf die „Privatkopie-Schranke" des § 53 Abs. 1 UrhG! Geboten wäre allenfalls ein Blick auf § 53 Abs. 2 UrhG, der Vervielfältigungen zum sonstigen eigenen Gebrauch regelt. Für solche Vervielfältigungen kommt es aber gerade nicht auf die Unterscheidung zwischen offensichtlich und bloß rechtswidrigen Inhalten an, denn dort gilt immer ein objektiver Beurteilungsmaßstab.

Im *Ergebnis* wird man daher für das Streaming im Unterricht immer einen rein objektiven Beurteilungsmaßstab fordern müssen und jede Wiedergabe eines fremden Filmwerks als unzulässig anzusehen haben, welches (objektiv) ohne Zustimmung des Rechteinhabers in das Internet hochgeladen wurde. Dass eine Lehrkraft bzw. ein Nutzer diese Rechtswidrigkeit zuvor nicht erkennen konnte, spielt dann grundsätzlich keine Rolle. Dieses (zugegebenermaßen: lehrerunfreundliche) Ergebnis findet eine weitere wichtige Stütze im Unionsrecht: Auch dem EuGH ist eine Unterscheidung zwischen „offensichtlich" rechtswidrigen und „bloß" rechtswidrigen Inhalten fremd, er differenziert – wie auch hier vertreten – im Ergebnis ebenfalls nur zwischen rechtswidrigen und rechtmäßigen Inhalten.[70]

PRAXIS BEISPIEL Da das Internet in seinem Klassenraum schon seit Wochen nicht so recht funktioniert, beschließt Politiklehrer P, lieber auf Nummer sicher zu gehen: Er lädt sich aus dem Internet eine Software herunter, mit welcher er den Stream zuhause vollständig aufzeichnen will. Die Datei möchte er später in seinem Unterricht lediglich „offline" abspielen. Wäre das in Ordnung?

Vermutlich würden viele Lehrkräfte mit Blick auf die teilweise unzureichende Internetversorgung an ihrer Schule sofort antworten: „Ja, klar! Wie soll es denn sonst bitte schön gehen?" Allerdings wären diese Antworten nicht ganz rechtskonform:

Aufzeichnungen bzw. Mitschnitte von Streams werden grundsätzlich nicht mehr von § 44a UrhG erfasst, denn dort geht es immer nur um flüchtige und begleitende Vervielfältigungen – und gerade nicht um dauerhafte.[71]

Erinnern Sie sich aber bitte an die so wichtige Schrankenvorschrift § 60a UrhG: Danach dürfen zur Veranschaulichung des Unterrichts grundsätzlich bis zu 15 Prozent eines fremden Werkes vervielfältigt werden.

Wenn Politikerlehrer P also darauf achtet, dass der aufgezeichnete Umfang diese prozentuale Obergrenze nicht übersteigt, darf er den Stream digital zuhause mitschneiden und anschließend in seinem Unterricht wiedergeben. Ist der Beitrag nicht länger als rund fünf Minuten, darf er das fremde Filmwerk auch vollständig aufzeichnen und wiedergeben.

6.3 Schulfunksendungen

PRAXIS BEISPIEL Geschichtslehrerin G liest in der Programmzeitschrift, dass am folgenden Tag eine Schulfernsehsendung zum Themenbereich „Weimarer Republik" ausgestrahlt wird. Ihr ist in Erinnerung, dass Schulen solche „Schulfunksendungen" aufnehmen dürfen und programmiert ihren Festplattenrecorder. Darf G die aufgenommene Sendung in ihrem Unterricht zeigen?

Während reguläre Fernsehsendungen nur in einem Umfang von bis zu 15 Prozent der Gesamtlänge der Sendung (analog oder digital) aufgezeichnet werden dürfen, erweitert § 47 UrhG den Umfang für sogenannte Schulfunksendungen, die im Fernsehen oder im Radio ausgestrahlt werden. Online-Inhalte werden hingegen nicht erfasst.

Welche konkreten Anforderungen erfüllt sein müssen, damit es sich um eine *Schulfunksendung* handelt, wird unterschiedlich beantwortet. Zum Teil wird es als ausreichend angesehen, wenn die Sendung von der ausstrahlenden Rundfunkanstalt für den Unterricht an Schulen produziert wurde.[72] Andere Autoren verlangen darüber hinaus, dass die Sendung auch ausdrücklich als „Schulfunksendung" bezeichnet wird[73] und zusätzlich didaktisch auf den Unterricht an Schulen zugeschnitten ist.[74]

Nach allen vertretenen Meinungen zählen damit solche Sendungen nicht zu den Schulfunksendungen, die lediglich allgemeine (populärwissenschaftliche) Bildungsinhalte anbieten (z. B. „Galileo"). Weiterhin werden nicht Sendungen erfasst, die dem Selbststudium dienen (wie Funk- und Telekollegs oder Sprachkurse). Eine Zusammenstellung des Schulfernsehangebots findet sich auf der Internetseite des Deutschen Bildungsservers.[75]

Eine Schulfunksendung darf nur *innerhalb der Schule* aufgezeichnet werden, nicht jedoch durch die Lehrkraft zu Hause. Neben den Schulen dürfen auch noch andere Institutionen Schulfunksendungen aufzeichnen. Dazu zählen Einrichtungen der Lehrerbildung und -fortbildung (Lehrerseminare, pädagogische Hochschulen, Kurse, Seminare und Vorlesungen an Universitäten), staatliche Landesbildstellen und vergleichbare Einrichtungen in öffentlicher Trägerschaft sowie Heime der Jugendhilfe.

Des Weiteren ist es wichtig, dass die aufgezeichnete Sendung nur für den *Unterricht* verwendet wird.

Spätestens am Ende des auf die Übertragung folgenden Jahres ist die angefertigte Kopie zu *löschen* oder – wenn dieses technisch nicht möglich ist – zu vernichten, es sei denn, dem Urheber wird ein angemessene Vergütung gezahlt. Nur in diesem Fall darf die Kopie auch später noch im Unterricht eingesetzt werden.

In unserem Beispiel dürfte die Geschichtslehrerin die aufgezeichnete Schulfunksendung daher nicht in ihrem Unterricht vorführen, da nur solche Schulfunksendungen privilegiert sind, die innerhalb der Schule aufgezeichnet werden.

6.4 Vorführen fremder Filme auf schulischen Veranstaltungen

PRAXIS BEISPIEL

Lehrer E hat in seinem Geographie-Kurs mehrere Wochen das Thema „Fairer Handel" thematisiert. Die Ergebnisse wollen die Schülerinnen und Schüler an einem Informationstag präsentieren, der in der Aula stattfinden soll und zu dem auch andere Schulen sowie andere Interessierte eingeladen werden. Im Rahmen dieser Veranstaltung sollen Ausschnitte einer Dokumentation gezeigt werden, die zuvor im Fernsehen ausgestrahlt wurde. Muss E die vorherige Erlaubnis des Urhebers einholen?

Zunächst einmal ist festzuhalten, dass es sich bei der Filmvorführung um eine „öffentliche Wiedergabe" im Sinn von § 15 Abs. 3 UrhG handelt, da von einer persönlichen Verbundenheit zwischen den Nutzern des Werkes nicht mehr ausgegangen werden kann. Seit dem 1.3.2018 sind solche öffentlichen Wiedergaben auch gegenüber unterrichts- bzw. einrichtungsfremden Personen zulässig, soweit dies der Präsentation des Unterrichts, von Unterrichts- oder Lernergebnissen dient (vgl. § 60a Abs. Nr. 3 UrhG). Die Vorschrift setzt dabei zwingend voraus, dass das wiedergegebene Werk zuvor im Unterricht bereits verwendet bzw. behandelt wurde. Der Gesetzgeber wollte es den Schulen mit dieser Neuerung ermöglichen, Einblicke in ihre Unterrichtstätigkeit zu geben.[76] Typische Adressaten seien Besucher an Tagen der offenen Tür oder Eltern bei Weihnachtskonzerten. Auch soll die Vorschrift Rechtssicherheit schaffen, wenn Schülerinnen und Schüler an außerschulischen Wettbewerben wie Sprach-Olympiaden teilnehmen und in diesem Zusammenhang fremde Werke wiedergeben.

Im Hinblick auf die Frage, welchen *Umfang* das wiedergegebene Werk haben darf, kann auf die obigen Erläuterungen zu § 60a UrhG zurückgegriffen werden: Zulässig ist es, bis zu 15 Prozent eines fremden (Film-)Werks wiederzugeben. Filmwerke mit einer Gesamtlänge von fünf Minuten dürfen vollständig wiedergegeben werden.

Neu ist ferner, dass auch *Eintrittsgelder* verlangt werden dürfen, allerdings nur in einer Höhe, die die anfallenden Kosten der Veranstaltung decken.

Eine *Vergütungspflicht* gegenüber dem Urheber des fremden Filmwerks besteht grundsätzlich nicht (§ 60h Abs. 2 Nr. 1 UrhG).

Im Ergebnis darf Lehrer E Ausschnitte der Fernsehsendung vorführen, wenn er die Obergrenze von 15 Prozent der Gesamtsendung nicht überschreitet.

6.5 Quellenangabe

Das UrhG setzt eine Quellenangabe nicht nur bei klassischen Kopien bzw. Vervielfältigungen voraus, sondern auch bei der öffentlichen Wiedergabe eines fremden Werkes. Dient die öffentliche Wiedergabe der Veranschaulichung des Unterrichts, so ist die Quelle stets anzugeben, es sei denn, dass dies nicht möglich ist (§ 63 Abs. 2 S. 2 UrhG).

7 Aufführungen von Musik- und Theaterstücken

Das Vorspielen musikalischer Werke durch die Schulband oder das Aufführen von Theaterstücken sind wichtige Bestandteile des Schullebens. Gleichwohl sind hier im besonderen Maße urheberrechtliche Fragen betroffen, denn spätestens, wenn es sich – wie regelmäßig – bei dem Musikstück um das Werk eines fremden Komponisten handelt bzw. das Theaterstück aus fremder Feder stammt, ist sehr häufig das ausschließlich dem Urheber zustehende Aufführungsrecht betroffen.

Für die rechtliche Bewertung solcher Vorführungen muss zunächst einmal danach unterschieden werden, ob es sich lediglich um die ausschnittsweise Darbietung eines fremden Musik- oder Theaterwerkes von kürzerer Dauer handelt oder ob ein fremdes Werk (mehr oder weniger) in Gänze öffentlich wiedergegeben werden soll. Im letzteren Fall ist weiterhin danach zu unterscheiden, ob es sich um die öffentliche Wiedergabe eines musikalischen Werkes oder um eine öffentliche bühnenmäßige Darstellung handelt.

7.1 Auszugsweise Vorführungen fremder Werke

PRAXIS BEISPIEL

Im Rahmen eines Informationsabends möchte der Theaterkurs der Schule eine kurze Sequenz aus einem Stück präsentieren, welches er sich gerade im Unterricht erarbeitet.

Seit dem 1. 3. 2018 sind solche öffentlichen Wiedergaben gegenüber unterrichts- bzw. einrichtungsfremden Personen zulässig, wenn sie der Präsentation des Unterrichts, der Unterrichts- oder Lernergebnisse dienen (vgl. § 60a Abs. Nr. 3 UrhG). Die Vorschrift setzt dabei zwingend voraus, dass das wiedergegebene Werk zuvor im Unterricht bereits verwendet bzw. behandelt wurde. Der Umfang darf dabei 15 Prozent des Gesamtumfangs des Werkes nicht überschreiten. Es dürfen kostendeckende Eintrittsgelder erhoben werden und auch eine minimale Vergütung der Künstler ist möglich.

7.2 Umfangreichere Darbietungen fremder Musikwerke

7.2.1 Erlaubnisfreie, aber vergütungspflichtige Aufführungen

PRAXIS BEISPIEL Der Schulchor möchte zu einem Liederabend einladen und mehrere Stücke aus den aktuellen Charts vortragen. Lehrerin M überlegt, ob sie zuvor eine Erlaubnis für die öffentliche Wiedergabe einholen muss oder gar eine Vergütung zu zahlen hat. Ein Pauschalvertrag mit der GEMA, der solche Aufführungen erfasst, wurde von Seiten der zuständigen Schulverwaltung bisher nicht geschlossen.

Wenn es nicht mehr nur um eine auszugsweise, sondern um eine (mehr oder weniger) vollständige Vorführung eines fremden Werkes gehen soll, richtet sich die Zulässigkeit der Aufführung nach § 52 UrhG.

Übersicht 5
Öffentliche Wiedergabe fremder Werke (§ 52 UrhG, Auszug)

„(1) Zulässig ist die öffentliche Wiedergabe eines veröffentlichten Werkes, wenn die Wiedergabe keinem Erwerbszweck des Veranstalters dient, die Teilnehmer ohne Entgelt zugelassen werden und im Falle des Vortrages oder der Aufführung des Werkes keiner der ausübenden Künstler (§ 73) eine besondere Vergütung erhält. Für die Wiedergabe ist eine angemessene Vergütung zu zahlen. […]

(2) […]

(3) Öffentliche bühnenmäßige Darstellungen, öffentliche Zugänglichmachungen und Funksendungen eines Werkes sowie öffentliche Vorführungen eines Filmwerkes sind stets nur mit Einwilligung des Berechtigten zulässig."

Die Wiedergabe des Werkes darf gem. § 52 Abs. 1 UrhG erstens *keinem Erwerbszweck* dienen. Werden bei einer Schulveranstaltung beispielsweise Speisen, Getränke, Programmhefte o. Ä. zu einem Preis verkauft, der nicht mehr nur die Kosten deckt, sondern mit dem gleichzeitig auch eine neue Anschaffung finanziert werden soll, wäre ein solcher Erwerbszweck gegeben, sodass die Zustimmung des Urhebers eingeholt werden müsste.[77]

Zweitens ist erforderlich, dass die Teilnehmer *unentgeltlich* zu der Veranstaltung zugelassen werden. Eintrittsgelder oder Kostenbeiträge würden dagegen verstoßen, wobei es auf die Bezeichnung des Entgelts nicht ankommt. Auch wenn die Teilnehmer statt eines Eintrittsgeldes zu Spenden aufgerufen werden, um die Kosten der Veranstaltung zu decken, liegt darin regelmäßig ein Entgelt.[78]

Drittens ist erforderlich, dass die ausübenden Künstler *keine besondere Vergütung* erhalten dürfen. Dazu zählen neben Geldzahlungen auch Sachleistungen. Werden mit der Vergütung nur die Kosten des Künstlers gedeckt oder erhält er lediglich eine Verpflegung, dann liegt keine besondere Vergütung vor.

Sind diese drei Voraussetzungen erfüllt, dürfen fremde Musikwerke öffentlich vorgeführt werden, ohne dass eine Erlaubnis beim jeweiligen Rechteinhaber eingeholt werden muss. Gleichwohl besteht aber ein Vergütungsanspruch des Urhebers. Dieser wird grundsätzlich durch eine Zahlung an die Verwertungsgesellschaft *GEMA* (Gesellschaft für musikalische Aufführungs- und mechanische Vervielfältigungsrechte) erfüllt. Manche Schulträger haben einen Rahmenvertrag mit der GEMA geschlossen, damit Lehrkräfte nicht für jede einzelne öffentliche Wiedergabe eines fremden Musikwerkes individuelle Verträge schließen müssen.

Für das *Praxisbeispiel* wäre konkret zu prüfen, ob diese drei Bedingungen erfüllt sind und damit eine zustimmungsfreie Aufführung möglich wäre. Andernfalls müsste die Veranstaltung spätestens drei Tage vorher bei der zuständigen Bezirksdirektion der GEMA angemeldet werden.

7.2.2 Erlaubnis- und vergütungsfreie öffentliche Musikaufführungen

PRAXIS BEISPIEL

> Das Schulorchester will für Schülerinnen und Schüler sowie deren Eltern einen „Beethoven-Abend“ gestalten, an dem viele bekannte Werke des Künstlers vorgetragen werden sollen. Musiklehrer M überlegt, ob er die Zustimmung der GEMA benötigt und ggf. eine Vergütung zahlen muss.

Nein, muss er nicht. Für das Urheberrecht sind immer nur solche Werke von Bedeutung, deren *Schutzdauer* noch nicht abgelaufen ist. Diese endet grundsätzlich 70 Jahre nach dem Tod des Urhebers, bei mehreren Urhebern 70 Jahre nach dem Tod des am längsten lebenden Miturhebers. Ist die Schutzfrist abgelaufen, ist das Werk gemeinfrei, d. h., es kann von jedem Dritten zustimmungs- und vergütungsfrei genutzt werden. Aus diesem Grunde braucht der Musiklehrer im vorliegenden Beispiel nicht weiter tätig zu werden.

7.2.3 Keine unzulässige Veränderung des Originalwerks

PRAXIS BEISPIEL Die Schulband will bei der Abi-Feier das Lied „We are the champions" der Rockgruppe Queen spielen, wobei lediglich die Melodie übernommen werden soll. Der Text wird neu geschrieben und auf die Schulzeit der Abiturklassen bezogen. Darf die Schulband das umgeschriebene Stück ohne Weiteres vorspielen?

Nein. Während bei anderen als Musikwerken nach der sogenannten „Verblassensformel" zu untersuchen ist, ob angesichts der Individualität des neuen Werkes die Züge des benutzten Werkes verblassen (dann liegt ein neues Werk vor) oder ob dagegen die wesentlichen individuellen Züge eines anderen Werkes erkennbar übernommen werden (dann liegt eine sogenannte „unfreie Benutzung" vor), gibt es für den Bereich der Musikwerke einen besonderen *Melodienschutz:* Danach ist es unzulässig, die urheberrechtlich geschützte Melodie eines fremden Stückes zu entnehmen und diese einem neuen Werk erkennbar zugrunde zu legen.[79]

Unter *Melodie* ist dabei eine in sich geschlossene und geordnete Tonfolge zu verstehen, in der sich der individuelle ästhetische Gehalt ausdrückt.[80] Themen und Motive, bei denen es an der individuellen Prägung fehlt, gehören nicht dazu. Ob die Melodie in dem neuen Stück *erkennbar* ist, muss aus der Sicht einer mit musikalischen Dingen vertrauten Person bestimmt werden. Typischerweise stellen Änderungen des Rhythmus oder der Taktart, Verzierungen, Coverversionen, Dancefloor- oder Technoversionen eines Musikstückes unzulässige Übernahmen dar.[81] In unserem Praxisbeispiel läge daher eine unzulässige Bearbeitung des Queen-Klassikers vor, die die Schulband in dieser Form nicht ohne Erlaubnis der Rechteinhaber vortragen dürfte.

Zulässig ist es hingegen, kurze Stellen eines fremden Werkes in seinem eigenen Werk zu *zitieren,* um damit bei dem Hörer eine bestimmte Assoziation hervorzurufen (sogenanntes „Musikzitat"). Darauf wird im Abschnitt „Zitate in Musikwerken" näher eingegangen.

7.3 Umfangreichere Darbietungen fremder Theaterstücke

PRAXIS BEISPIEL

Der Kurs „Darstellendes Spiel" lädt kurz vor den Sommerferien alle Interessierten zu einer abendlichen Veranstaltung ein, bei der eine Neuinterpretation von William Shakespeares „Macbeth" aufgeführt werden soll.

Bühnenmäßige Darstellungen sind – anders als die Aufführung musikalischer Werke – stets erlaubnispflichtig, wenn sie einen größeren Umfang haben (vgl. § 52 Abs. 3 UrhG). Erfasst werden grundsätzlich alle Formen von Aufführungen, welche durch ein für das Auge oder für Auge und Ohren bestimmtes bewegliches Spiel gekennzeichnet sind[82], wozu insbesondere Theaterstücke, nicht aber bloße Lesungen eines Bühnenstücks gehören.

Genau wie bei der Aufführung fremder Musikwerke ist zudem auch eine Vergütung an die Rechteinhaber zu zahlen.

Soll also ein fremdes Theaterstück, das noch unter den Schutz des Urheberrechts fällt, außerhalb des regulären Unterrichts in einer Schulveranstaltung aufgeführt werden, ist zwingend eine vorherige Erlaubnis notwendig. Zuständig dafür sind die verschiedenen Bühnenverlage, die die Rechte der Urheber wahrnehmen. In der Regel wird auch eine Vergütung zu zahlen sein.

8 Anfertigen von Schülerfotos oder -videos

Das Anfertigen von Schülerfotos bzw. -videos durch Lehrkräfte ist im Schulalltag weit verbreitet: Mal ist es das Klassenfoto, das von außen an der Klassentür angebracht werden soll, mal sind es Porträtfotos für den Jahrgangsflur. Auch werden häufig Fotos und Videos im Rahmen schulischer Veranstaltungen angefertigt, um sie später auf die Schulhomepage hochzuladen (z. B. das Foto einer Siegerehrung oder einer schulischen Veranstaltung).

Ganz egal, welcher Zweck mit der Ablichtung verfolgt wird: Das grundrechtlich verbürgte *Recht am eigenen Bild* als besondere Ausprägung des allgemeinen Persönlichkeitsrechts (Art. 2 Abs. 1 in Verbindung mit Art. 1 Abs. 1 GG) macht es zwingend erforderlich, dass die Anfertigung des Bildnisses in rechtmäßiger Weise erfolgt, damit dieses so gewichtige Recht gewahrt bleibt.

Aus rechtlicher Sicht ist es gewiss am besten, wenn für solche Aufnahmen eine Einwilligung vorliegt – entweder der Erziehungsberechtigten oder unter bestimmten Voraussetzungen auch der minderjährigen Schüler. Allerdings ist die rechtliche Zulässigkeit von Bildaufnahmen nicht an das Vorliegen einer solchen Einwilligung geknüpft. Vielmehr gibt es verschiedene Sachverhalte, in denen auch ohne Einwilligungserklärung Aufnahmen angefertigt werden dürfen.

Bevor darauf näher eingegangen wird, sind aber einige grundsätzliche Hinweise nötig, denn seit Einführung der unionsrechtlichen Datenschutzgrundverordnung (DSGVO) im Frühjahr 2018 ist fraglich, an welchen Rechtsvorschriften die Rechtmäßigkeit von Bildaufnahmen überhaupt zu messen ist. Stellt man – wie hier vorgeschlagen – allein auf die DSGVO ab, hat das Konsequenzen für die Zulässigkeit des Widerrufs einer zuvor erteilten Einwilligung.

8.1 DSGVO oder KUG? – Das ist hier die Frage!

Liebe Leserin, lieber Leser, wenn es im Bereich des Urheber- und Medienrechts eine juristische Grauzone gibt, dann betreten wir sie jetzt! Seit der Einführung der DSGVO im Mai 2018 ist nämlich fraglich, nach welcher Rechtsvorschrift das Anfertigen und Verbreiten von (Schüler-)Fotos zu beurteilen ist: Wie bisher nach dem Kunsturhebergesetz (KUG) oder nach der neuen DSGVO? Vor Einführung der DSVGO war es gefestigte Rechtsmeinung, dass das KUG als spezielles Datenschutzgesetz dem Bundesdatenschutzgesetz (BDSG) vorgeht, doch wie ist es jetzt?

Die Frage nach der richtigen Rechtsgrundlage ist nicht nur rein theoretischer Natur: Auch praktisch ergeben sich Unterschiede, beispielsweise in welcher Form eine Einwilligung zu erteilen ist oder ob eine bereits erteilte Einwilligung durch den Rechteinhaber widerrufen werden kann.

Zumindest für den journalistischen Bereich hat das OLG Köln entschieden, dass das KUG für die Beantwortung unserer Frage das richtige Gesetz sei.[83] Nun werden wir jedoch im Zusammenhang mit der Pflege und Gestaltung von Schulhomepages nicht journalistisch tätig, sodass vieles dafür spricht, dass sich sowohl das Anfertigen als auch das Verbreiten von Personenfotos und -videos zunächst einmal nach den Regeln der DSGVO richtet.[84] Im Rahmen der Prüfung der tatbestandlichen Voraussetzungen ist jedoch genügend Raum, auch die Rechtsgedanken des KUG angemessen zu berücksichtigen.

8.2 Bildnisse als „personenbezogene Daten" nach dem Datenschutzrecht

Jede Anfertigung eines Fotos oder Videos, auf dem Personen erkennbar abgebildet sind, stellt eine Verarbeitung personenbezogener Daten im Sinne der DSGVO dar.[85] Das gilt selbst dann, wenn das Foto oder das Video der abgebildeten Person ohne den Namen veröffentlicht wird, sofern die Person bei einer Zuordnung des Namens identifizierbar ist. Dafür genügt es, wenn einzelne Betrachter den Namen zuordnen können, wenn sie das Bild sehen.

Von der DSGVO werden grundsätzlich nur solche Fotos und Videos erfasst, die im Rahmen einer vollständigen oder teilweisen automatisierten Verarbeitung entstanden sind oder die im Zuge einer nichtautomatisierten Verarbeitung in einem Dateisystem gespeichert sind oder gespeichert werden sollen (vgl. Art. 2 Abs. 1 DSGVO).

Mit anderen Worten: Von der DSGVO werden somit nur Digitalfotos bzw. eingescannte analoge Fotos erfasst.

8.3 Grundsatz: Einwilligung der betroffenen Person

Eine Verarbeitung personenbezogener Daten ist grundsätzlich an eine Einwilligung des Rechtsinhabers geknüpft. Etwas schwerfällig definiert Art. 4 Nr. 11 DSGVO den Begriff der Einwilligung wie folgt: Eine Einwilligung ist „jede freiwillig für den bestimmten Fall, in informierter Weise und unmissverständlich abgegebene Willensbekundung in Form einer Erklärung oder einer sonstigen eindeutigen bestätigenden Handlung, mit der die betroffene Person zu verstehen gibt, dass sie mit der Verarbeitung der sie betreffenden personenbezogenen Daten einverstanden ist".

8.3.1 Anforderungen an eine Einwilligung

Bezogen auf den Schulbereich sind bei der Einholung einer Einwilligung folgende Aspekte unbedingt zu berücksichtigen:

- Die Einwilligung muss sich immer auf einen *ganz bestimmten Fall* (Art. 4 Nr. 11 DSGVO, keine „Pauschaleinwilligung" im Sinne von „Ich stimme allen Datenverarbeitungen zu") und auf einen *ganz bestimmten Verarbeitungszweck* beziehen (Art. 6 Abs. 1 S. 1 lit. a DSGVO).
- Die Einwilligung muss *freiwillig* erteilt werden, d. h., der einwilligende Schüler muss eine echte und freie Wahl haben und in der Lage sein, die Einwilligung zu verweigern oder zurückzuziehen, ohne dadurch einen Nachteil zu erleiden (Art. 4 Nr. 11, Art. 7 Abs. 4 DSGVO). Der Betroffene muss also ausreichend über die Reichweite der Einwilligung informiert gewesen sein, insbesondere auch über die Zwecke der Datenverarbeitung.
- Der Einwilligungstext muss für den Schüler bzw. die Erziehungsberechtigten *klar formuliert* sein.
- Der Text muss *gut zugänglich* sein (Art. 7 Abs. 2 DSGVO).
- Es muss ein deutlicher *Hinweis auf die Widerrufsmöglichkeit* bestehen (Art. 7 Abs. 3 S. 3 DSGVO).
- Die Schule muss das Vorliegen einer Einwilligungserklärung *nachweisen* können (Art. 7 Abs. 1 DSGVO).

An die Form der Einwilligungserklärung stellt die DSGVO keine besonderen Anforderungen. Sie kann nicht nur mündlich oder schriftlich erfolgen, sondern auch stillschweigende Einwilligungen durch schlüssiges Verhalten sind möglich, etwa wenn einem Schüler der Verwendungszweck mitgeteilt wird und dieser daraufhin ein Foto von sich machen lässt. Die Einholung einer schriftlichen Einwilligung ist zwar insgesamt aufwändiger, sie ist aber aus Beweisgründen anzuraten.

Die Einwilligung bereitet bei volljährigen Schülerinnen und Schülern keine großen Probleme, da diese natürlich selbst einwilligen können. Problematischer ist die Frage der Einwilligung bei Minderjährigen.

Übersicht 6
Wirksamkeitsvoraussetzungen einer Einwilligung

Formelle Voraussetzungen	Materielle Voraussetzungen
1. Einwilligungsbewusstsein (Art. 4 Nr. 11) 2. Form 3. Transparenzgebot (Art. 7 Abs. 2 S. 1 DSGVO) 4. Nachweisbarkeit (Art. 7 Abs. 1 DSGVO)	1. Freiwilligkeit (Art. 7 DSGVO) 2. Informierte Einwilligung (Art. 4 Nr. 11 DSGVO) 3. Bestimmtheit (Art. 5 Abs. 1 lit. b DSGVO) 4. Einwilligung bei sensiblen Daten (Art. 9 Abs. 2 lit. a DSGVO)

8.3.2 Einwilligung von Minderjährigen?

PRAXIS BEISPIEL

Die Schulleitung hat Klassenfotos machen lassen. Sie will auch den minderjährigen Schülerinnen und Schülern eine Einwilligungserklärung zur Unterschrift vorlegen. Auf diese Weise soll die Angelegenheit beschleunigt werden. Ist die Vorgehensweise richtig?

In der neuen DSGVO schafft Art. 8 Rechtsklarheit zumindest für den Fall, dass einem Kind bzw. einem Jugendlichen direkt durch ein wirtschaftliches Unternehmen Angebote von Diensten der Informationsgesellschaft unterbreitet werden (z. B. Verwendung personenbezogener Daten zu Werbezwecken oder für die Erstellung von Persönlichkeits- oder Nutzerprofilen). Für diese Fälle wird davon ausgegangen, dass auch Minderjährige eine rechtlich bindende Einwilligungserklärung abgeben können, wobei das Gesetz eine Altersuntergrenze von 16 Jahren vorsieht.

Das Anfertigen von Fotos oder Videos im Schulbereich fällt jedoch nicht in diesen Anwendungsbereich, sodass auf das allgemeine Einwilligungserfordernis der *Einsichtsfähigkeit* abzustellen ist – doch was das genau bedeutet, ist unter Juristen derzeit noch recht umstritten: Einige legen einen eher subjektiven Beurteilungsmaßstab zu Grunde und fragen danach, ob der oder die Minderjährige im konkreten Einzelfall bereits über die Einsichtsfähigkeit verfügt. Andere hingegen beurteilen die Einsichtsfähigkeit eher objektiv, indem sie unabhängig von den individuellen Fähigkeiten des Kindes eine starre Altersgrenze festsetzen wollen, ab der ein Minderjähriger einsichtsfähig ist. Mit Verweis auf die Öffnungsklausel des Art. 8 Abs. 1 S. 3 DSGVO schlagen einige 13 Jahre als Untergrenze vor, andere legen analog zu Art. 8 Abs. 1 S. 1 DSGVO 16 Jahre zugrunde.

Was bedeutet diese unterschiedliche rechtliche Bewertung für die schulische Praxis? Möchte man rechtlich ganz sicher gehen, dann schließt man Einwilligungen durch minderjährige Schülerinnen und Schülern aus und wendet sich stattdessen immer an die Erziehungsberechtigten. Dass damit ein erheblicher Verwaltungsaufwand verbunden sein kann, muss wohl nicht weiter thematisiert werden. Vor diesem Hintergrund wird hier vorgeschlagen, dem oben beschriebenen objektiven Ansatz zu folgen und zumindest ab einem Mindestalter von 16 Jahren davon auszugehen, dass minderjährige Schüler in die Verarbeitung ihrer personenbezogenen Daten einwilligen dürfen.

8.3.3 Widerruflichkeit einer Einwilligung

Während nach dem KUG eine einmal erteilte Einwilligung nur ausnahmsweise widerrufen werden konnte, räumt die DSGVO den betroffenen Personen dieses Recht ausdrücklich ein.

Übersicht 7 **Widerruf einer Einwilligung (Art. 7 Abs. 3 DSGVO)**
Laut Art. 7 Abs. 3 DSGVO gilt: „Die betroffene Person hat das Recht, ihre Einwilligung jederzeit zu widerrufen. Durch den Widerruf der Einwilligung wird die Rechtmäßigkeit der aufgrund der Einwilligung bis zum Widerruf erfolgten Verarbeitung nicht berührt. Die betroffene Person wird vor Abgabe der Einwilligung hiervon in Kenntnis gesetzt. Der Widerruf der Einwilligung muss so einfach wie die Erteilung der Einwilligung sein."
Der Widerruf muss grundsätzlich gegenüber derjenigen Person erklärt werden, der zuvor auch die Einwilligung erklärt wurde. Über den Zeitpunkt, den Umfang und die Form des Widerrufs entscheidet die betroffene Person.
Kommt es zu einem Widerruf, sind die gespeicherten Daten grundsätzlich zu löschen (sogenanntes *„Recht auf Vergessenwerden"*, Art. 17 DSGVO). Das Widerrufsrecht kann nicht durch einen Verzicht ausgeschlossen werden.

8.4 Ausnahme: Ablichtung ohne notwendige Einwilligung

Die Verarbeitung fremder personenbezogener Daten ist grundsätzlich nicht nur dann möglich, wenn eine Einwilligung der betroffenen Person vorliegt. Die DSGVO nennt vielmehr noch andere verschiedene Erlaubnistatbestände, wobei für den Schulbereich wohl nur Art. 6 Abs. 1 lit. f DSGVO von Bedeutung ist: Danach kann eine Verarbeitung personenbezogener Daten (bzw. hier: das Anfertigen eines Fotos oder Videos) auch dann erfolgen, wenn dieses zur *Wahrung der berechtigten Interessen* des Verantwortlichen oder eines Dritten erforderlich ist.[86] Wichtig ist dabei jedoch, dass die Interessen oder Grundrechte und Grundfreiheiten der betroffenen Person, die den Schutz personenbezogener Daten erfordern, nicht ausnahmsweise überwiegen dürfen, was insbesondere dann genau zu prüfen ist, wenn es sich bei der betroffenen Person um ein Kind handelt. Maßgeblich ist also eine Interessenabwägung zwischen den Interessen des Verantwortlichen (hier: der Lehrkraft) einerseits und der betroffenen Person (hier: des Schülers) andererseits.

In welchen Fällen kann man aber nun davon ausgehen, dass ein berechtigtes Interesse vorliegt? Hier hilft ein Blick auf § 23 Abs. 1 KUG, denn der deutsche Gesetzgeber hat für verschiedene Fallgestaltungen festgeschrieben, wann die Interessen der abgebildeten Person zurücktreten müssen. Zwar ist – wie bereits angedeutet – das Verhältnis von DSGVO und KUG noch nicht abschließend geklärt, doch können zumindest die Wertungen des KUG an dieser Stelle weiterhelfen.

Übersicht 8
Ausnahmen vom Einwilligungserfordernis bei Personenfotos (§ 23 Abs. 1 KUG)

„(1) Ohne die nach § 22 erforderliche Einwilligung dürfen verbreitet und zur Schau gestellt werden:

1. Bildnisse aus dem Bereich der Zeitgeschichte;
2. Bilder, auf denen die Personen nur als Beiwerk neben einer Landschaft oder sonstigen Örtlichkeit erscheinen;
3. Bilder von Versammlungen, Aufzügen und ähnlichen Vorgängen, an denen die dargestellten Personen teilgenommen haben.

(2) Die Befugnis erstreckt sich jedoch nicht auf eine Verbreitung und Schaustellung, durch die ein berechtigtes Interesse des Abgebildeten oder, falls dieser verstorben ist, seiner Angehörigen verletzt wird."

8.4.1 Bildnisse aus dem Bereich der Zeitgeschichte

PRAXIS BEISPIEL Lehrerin F fotografiert den Bürgermeister, der wegen des 50-jährigen Bestehens der Schule eine Rede hält. Als der Bürgermeister mitbekommt, dass ein Foto von ihm angefertigt wird, protestiert er dagegen. Zu Recht?

Nein. Nach § 23 Abs. 1 Nr. 1 KUG ist die Veröffentlichung von Bildnissen, die aus dem Bereich der *Zeitgeschichte* stammen, nicht von einer Einwilligung des Abgebildeten abhängig, solange nicht ausnahmsweise dessen berechtigte Interessen verletzt werden. Was ist darunter zu verstehen? „Maßgebend für die Frage, ob es sich um ein Bildnis aus dem Bereich der Zeitgeschichte handelt, ist der Begriff des Zeitgeschehens. Dieser Begriff darf nach der ständigen Rechtsprechung des Bundesgerichtshofs [...] nicht zu eng verstanden werden. Im Hinblick auf den Informationsbedarf der Öffentlichkeit umfasst er nicht nur Vorgänge von historisch-politischer Bedeutung, sondern ganz allgemein das Geschehen der Zeit, also alle Fragen von allgemeinem gesellschaftlichem Interesse.“[87] Dazu können auch Veranstaltungen von nur regionaler oder lokaler Bedeutung, wie beispielsweise Sportveranstaltungen oder das Mieterfest einer Wohnungsbaugenossenschaft[88] gehören.

Ob ein solches zeitgeschichtliches Ereignis konkret vorliegt, wurde früher allein danach beurteilt, ob es sich bei der abgebildeten Person um eine *Person der Zeitgeschichte* handelt. Dazu zählten alle, die durch ihre Funktion, ihre besonderen Leistungen, ihre Taten oder ihre Herkunft aus dem Kreis der Mitmenschen herausragen und dadurch im Blickfeld der Öffentlichkeit stehen.[89] Von der Rechtsprechung wurden als absolute Personen der Zeitgeschichte beispielsweise Politiker, Sportler, Künstler und Musiker anerkannt.

In seinem wegweisenden Urteil *Caroline von Hannover* erklärte der Europäische Gerichtshof für Menschenrechte (EGMR), dass eine solche Gesetzesauslegung die in Art. 8 EMRK geschützte Privatsphäre verletze.[90] Es dürfe nicht allein auf die Prominenz abgestellt werden, sondern die Frage nach dem Vorliegen eines zeitgeschichtlichen Ereignisses könne im Ergebnis allein durch eine einzelfallbezogene Interessenabwägung beantwortet werden: Kann die Abbildung zu einer Diskussion über ein Thema beitragen, das von allgemeinem Interesse ist und damit der demokratischen Gesellschaft bzw. dem Informationsinteresse der Bevölkerung dient, oder handelt es sich (lediglich) um eine Berichterstattung aus dem Privatleben einer Person?

Die deutsche Rechtsprechung konkretisierte in der Folge die Maßstäbe für die vorzunehmende Interessenabwägung. Danach wiege „der Schutz der Persönlichkeit des Betroffenen umso schwerer, je geringer der Informationswert der Berichterstattung für die Allgemeinheit ist [...]; erst recht gilt dies, wenn die Berichterstattung sogar lediglich als äußerer Anlass für die Berichterstattung über den Betroffenen und die Veröffentlichung der ihn zeigenden Fotos zu bewerten wäre. Für die Gewichtung der Belange des Persönlichkeitsschutzes wird neben den Umständen der Gewinnung der Abbildung, etwa durch Ausnutzung von Heimlichkeit und beharrlicher Nachstellung, auch bedeutsam, in welcher Situation der Betroffene erfasst und wie er dargestellt wird [...]. Bei der Prüfung der Frage, ob und in welchem Ausmaß die Berichterstattung einen Beitrag zur öffentlichen Meinungsbildung leistet und welcher Informationswert ihr damit beizumessen ist, ist zudem von erheblicher Bedeutung, welche Rolle dem Betroffenen in der Öffentlichkeit zukommt."[91]

Im vorliegenden Fall wird man zu dem Ergebnis kommen, dass durch das Foto nicht in die Privatsphäre des Bürgermeisters eingegriffen wird. Es geht vorliegend nicht darum, die Neugier der Leser der Homepage zu befriedigen, sondern über ein schulisches Ereignis zu berichten, an dem der Bürgermeister in seiner Amtsfunktion teilgenommen hat.

8.4.2 Personen als Beiwerke

PRAXIS BEISPIEL

> Lehrer A ist mit seiner 10. Klasse in London. Er ist vom Anblick des Big Ben vollkommen überwältigt und fotografiert diesen. Später bemerkt er, dass nicht nur der Big Ben auf dem Foto zu sehen ist, sondern darunter auch einige Schüler. Hätte er von ihnen eine Einwilligung einholen müssen?

Maßgeblich für die Beantwortung der Frage, ob jemand auf einem Foto nur den Charakter eines Beiwerks hat, ist der *Gesamteindruck* des Fotos: Die abgebildete Person muss derart untergeordnet sein, dass sie auch wegfallen könnte, ohne dass der Gesamteindruck des Fotos verändert würde. Die Abbildung der Person darf keinen Einfluss auf das Thema des Bildes ausüben.[92]

Im Praxisbeispiel wird man davon ausgehen können, dass die abgebildeten Schüler lediglich eine untergeordnete Rolle spielen. Eine vorherige Einwilligung ist insoweit nicht notwendig. Allerdings wird für Nordrhein-Westfalen wegen § 120 Abs. 5 Satz 3 Schulgesetz NRW die Auffassung vertreten, dass Abbildungen von Schülerinnen und Schülern generell nur im Falle einer Einwilligung zulässig sein sollen. Aufgrund der Spezialität des Schulgesetzes sollen die Ausnahmen des § 23 KUG nicht gelten.

8.4.3 Bilder von Versammlungen, Aufzügen und ähnlichen Vorgängen

PRAXIS BEISPIEL Lehrerin F macht von ihrer Klasse ein Foto, welches von außen an der Klassentür angebracht werden soll. Sie hat davon gehört, dass man bei größeren Gruppen keine Einwilligung braucht, sondern einfach fotografieren kann.

Zu den *Versammlungen, Aufzügen und ähnlichen Vorgängen* kann man zunächst einmal alle Ansammlungen von Personen verstehen, die sich zu einem bestimmten Zweck zusammengefunden haben. Typische Beispiele sind Demonstrationen, Faschingsumzüge, Vereinsveranstaltungen oder Empfänge.[93] Am gemeinsamen Willen fehlt es hingegen, wenn mehrere Menschen vor einem Schaufenster stehen oder an einer Kasse auf den Bezahlvorgang warten. Wichtig ist, dass sich die Ansammlung in der Öffentlichkeit abspielt und für diese auch wahrnehmbar ist.[94] Auf eine bestimmte Mindestanzahl von Personen kommt es entgegen einer weit verbreiteten Vorstellung dabei nicht an.

Ob ein berechtigtes Interesse vorliegt, bemisst sich auch bei dieser Fallgruppe nach dem Gesamteindruck bzw. nach der *Art der Bild- oder Videoaufnahme:* Der Gegenstand der Aufnahme muss die jeweilige Veranstaltung selbst sein oder zumindest ein repräsentativer Ausschnitt davon. Nach dem Gesamteindruck der Abbildung muss die Menschenansammlung als solche im Vordergrund stehen. Die Teilnehmer selbst dürfen nicht thematischer Mittelpunkt des Bildes sein, sie müssen vielmehr gedanklich austauschbar sein. Nicht zulässig sind daher beispielsweise Abbildungen einzelner Teilnehmer um ihrer selbst willen. Es dürfen von gewöhnlichen Teilnehmern oder Zuschauern, die sich in keiner Weise auffällig verhalten, keine Portraitaufnahmen hergestellt werden.

In unserem Beispiel würde es zum einen deshalb an einem berechtigten Interesse fehlen, weil die Personenansammlung nicht in der Öffentlichkeit stattfindet. Zum anderen bilden nach dem Gesamteindruck des Fotos die einzelnen Schülerinnen und Schüler gerade den thematischen Schwerpunkt der Aufnahme. Daher muss die Lehrerin eine Einwilligung einholen, damit eine rechtmäßige Abbildung vorliegt.

8.4.4 Informationspflicht anstelle fehlender Einwilligung?

PRAXIS BEISPIEL

> Nachdem Lehrer A von seiner London-Exkursion zurückgekehrt ist, überlegt er, ob er nicht die Eltern der minderjährigen Schülerinnen und Schüler doch zumindest über die angefertigten Fotos informieren sollte. Wäre er dazu verpflichtet?

Art. 13 Abs. 1 lit. d DSGVO sieht für den Fall, dass die Erhebung fremder personenbezogener Daten im berechtigten Interesse und ohne Einwilligung der betroffenen Person erfolgt, eine recht umfassende nachträgliche Informationspflicht vor. Zu den mitzuteilenden Informationen gehören u. a. der Name und die Kontaktdaten des Verantwortlichen sowie gegebenenfalls seines Vertreters, die Kontaktdaten des Datenschutzbeauftragten, die Zwecke, für die die personenbezogenen Daten verarbeitet werden sollen, die Rechtsgrundlage für die Verarbeitung sowie die berechtigten Interessen, die von dem Verantwortlichen oder einem Dritten verfolgt werden.

Von dieser Informationspflicht soll nur dann abgewichen werden können, wenn die betroffene Person die Informationen entweder bereits hat oder sich die Unterrichtung als unmöglich erweist bzw. mit unverhältnismäßig hohem Aufwand verbunden ist. Für die Unverhältnismäßigkeit der Informationsweitergabe soll dabei u. a. auf die Zahl der zu informierenden Personen abgestellt werden.[95]

Was bedeutet das für den Schulalltag? Auf die Unmöglichkeit bzw. Unverhältnismäßigkeit der Unterrichtung werden sich Lehrkräfte wohl nur ausnahmsweise berufen können, denn normalerweise kennen Lehrer alle ihre Schüler, die auf einem von ihnen selbst angefertigten Foto abgebildet sind. Da auch der Personenkreis der abgebildeten Personen meist nicht allzu groß ist, wird man eine nachträgliche Informationsweitergabe wohl als zumutbar bewerten müssen. Anders verhält es sich dagegen bei schulischen (Groß-)Veranstaltungen, an denen nicht nur Schülerinnen, Schüler und Eltern der eigenen Lerngruppe, sondern auch viele andere unbekannte Personen teilnehmen. In diesen Fällen ist es der Lehrkraft gerade nicht nachträglich zuzumuten, die abgebildeten Personen zu identifizieren und zu informieren.

Da die Informationspflicht nach dem oben Gesagten aber auch entfällt, wenn die abgebildeten Schüler über die notwendigen Informationen bereits verfügen, sollte die Schule genau das „präventiv“ im Vorfeld tun und die Schüler und Eltern schriftlich informieren. Das kann entweder bei Eintritt in die neue Schule erfolgen oder wiederkehrend zu Beginn eines neuen Schuljahres.

8.5 Folgen einer unzulässigen Bildanfertigung

Wird von einem Schüler oder einer Schülerin ein Foto oder Video angefertigt, ohne dass eine rechtmäßige Einwilligung oder ein anderer Erlaubnistatbestand der DSGVO vorliegt, dann handelt es sich um eine unzulässige Verarbeitung personenbezogener Daten. Unter datenschutzrechtlichen Gesichtspunkten hat die betroffene Person dann einen Anspruch auf Löschung (Art. 17 Abs. 1 lit. d DSGVO, „*Recht auf Vergessenwerden*"). Daneben sind auch noch zivilrechtliche Ansprüche wie Zahlung eines *Schmerzensgeldes* denkbar.

9 Rund um die Schulhomepage

Es gibt heute wohl nur noch wenige Schulen, die nicht über eine eigene Internetpräsenz verfügen. Die Vorzüge solcher Schulhomepages liegen dabei auf der Hand: Sie sind eine sehr geeignete Plattform, Inhalte aus dem Unterricht der Schule auf (cross-)mediale Art und Weise durch Fotos, Videos, Podcasts zu präsentieren und der interessierten Öffentlichkeit einen kleinen Einblick in den Schulalltag zu geben. Andererseits sind sie häufig auch ein wichtiges Kommunikationsmedium mit den Schülern und den Eltern (z. B. Newsletter, Vertretungspläne, Chats).

Sowohl bei der Einrichtung einer Schulhomepage als auch während ihres laufenden Betriebs ist eine Vielzahl von rechtlichen Aspekten zu beachten. In jüngster Zeit wurden vor allem durch die neue Datenschutzgrundverordnung (DSGVO) verschiedene Pflichten konkretisiert, die von Homepagebetreibern zwingend beachtet werden müssen.

Das folgende Kapitel will zum einen zentrale datenschutzrechtliche Fragen aufgreifen. Im Vordergrund stehen dabei jedoch nur solche Aspekte, die einen unmittelbaren Bezug zur Schulhomepage haben. Auf andere Datenschutzthemen mit Schulbezug, wie z. B. Datenschutzfolgeabschätzungen, wird nicht gesondert eingegangen. Zum anderen sollen auch wichtige urheberrechtliche Fragen angesprochen werden.

9.1 Schulhomepage und Datenschutz

9.1.1 DSGVO und deutsches Datenschutzrecht

Die DSGVO ist ein europäisches Gesetz, welches am 25. Mai 2018 in Kraft trat. Sie löst die Richtlinie zum Schutz natürlicher Personen bei der Verarbeitung personenbezogener Daten und zum freien Datenverkehr (95/46/EG, DSRL) aus dem Jahr 1995 ab, um eine noch stärkere Harmonisierung des Datenschutzrechts innerhalb der EU zu erreichen.

Die DSGVO besteht aus 99 Artikeln, die in 173 Erwägungsgründen näher erläutert werden. An verschiedenen Stellen enthält die Verordnung Öffnungsklauseln, die den Mitgliedsstaaten der EU individuelle Regelungen ermöglichen.

Für das deutsche Datenschutzrecht, das insbesondere im Bundesdatenschutzgesetz (BDSG) geregelt wurde, hatte die Einführung der DSGVO erhebliche Konsequenzen: Aufgrund ihrer Rechtsnatur als Verordnung entfaltet die DSGVO für die EU-Bürger unmittelbare Rechtswirkung; eine „Umwandlung“ ihrer Inhalte in nationales Recht ist – anders als bei Richtlinien – nicht weiter notwendig. Damit wurden auch viele Inhalte der BSDG überflüssig, die an zahlreichen Stellen europäisches Recht festschrieb. Mit dem Datenschutzanpassungsgesetz vom 12.5.2017 erhielt daher das BSDG einen ganz anderen Charakter: Es ergänzt nunmehr nur noch die DSGVO an den Stellen, an denen individuelle nationale Datenschutzregelungen erlaubt sind.

Für das Datenschutzrecht innerhalb der EU ergibt sich damit folgender *Rechtsrahmen:* Auf erster Stufe steht die DSGVO, sie bildet das Gesetz mit dem höchsten Rang. Soweit ihre Öffnungsklauseln keine nationalen Regelungen zulassen, sind ihre Inhalte abschließend und entgegenstehende nationale Gesetze werden verdrängt (*Lex superior derogat legi inferiori* – das ranghöhere Gesetz verdrängt das rangniedrige Gesetz). Erst wenn – bildlich gesprochen – die Türen der DSGVO für individuelle nationale Regelungen geöffnet sind, kommen auf der zweiten Stufe die deutschen Datenschutzgesetze ins Spiel, wobei je nach Gesetzgebungskompetenz entweder Bundesrecht (z.B. BDSG) oder Landesrecht in der Form der verschiedenen Landesdatenschutzgesetze Anwendung findet.

9.1.2 Begriff der personenbezogenen Daten

Die DSGVO gilt für die ganz oder teilweise automatisierte Verarbeitung personenbezogener Daten sowie für die nichtautomatisierte Verarbeitung personenbezogener Daten, die in einem Dateisystem gespeichert sind oder gespeichert werden sollen (Art. 2 Abs. 1 DSGVO).

Personenbezogene Daten sind dabei alle Informationen, die sich auf eine identifizierte oder identifizierbare natürliche Person („betroffene Person“) beziehen. Als identifizierbar wird eine natürliche Person angesehen, die direkt oder indirekt, insbesondere mittels Zuordnung zu einer Kennung wie einem Namen, zu einer Kennnummer, zu Standortdaten, zu einer Online-Kennung oder zu einem oder mehreren besonderen Merkmalen identifiziert werden kann, die Ausdruck der physischen, physiologischen, genetischen, psychischen, wirtschaftlichen, kulturellen oder sozialen Identität dieser natürlichen Person sind (Art. 4 Ziff. 1 DSGVO).

Eine *Verarbeitung* ist jeder mit oder ohne Hilfe automatisierter Verfahren ausgeführte Vorgang wie das Erheben, das Erfassen, die Organisation, das Ordnen, die Speicherung, die Anpassung oder Veränderung, das Auslesen, das Abfragen, die Verwendung, die Offenlegung durch Übermittlung, Verbreitung oder eine andere Form der Bereitstellung, den Abgleich oder die

Verknüpfung, die Einschränkung, das Löschen oder die Vernichtung (Art. 4 Ziff. 2 DSGVO).

Die Verarbeitung muss *ganz oder teilweise automatisiert* erfolgen, was typischerweise immer dann der Fall ist, wenn ein Datenverarbeitungsgerät zum Einsatz kommt. *Nicht-automatisierte* bzw. *rein manuelle Verarbeitungen* werden gem. Art. 2 Abs. 1 DSGVO erfasst, wenn die personenbezogenen Daten in einem Dateisystem gespeichert werden. Dazu zählt jede strukturierte Sammlung personenbezogener Daten, die nach bestimmten Kriterien zugänglich sind, unabhängig davon, ob diese Sammlung zentral, dezentral oder nach funktionalen oder geografischen Gesichtspunkten geordnet geführt wird (Art. 4 Ziff. 6 DSGVO).

9.1.3 Wichtige Datenschutzprinzipien der DSGVO

Liegt eine Verarbeitung personenbezogener Daten vor, so sind von der verarbeitenden Stelle verschiedene Grundsätze zu beachten. Diese Prinzipien werden umfassend in Art. 5 Abs. 1 DSGVO definiert; hier kurz aufgelistet in Übersicht 9:

Übersicht 9
Datenschutzrechtliche Grundsätze gemäß Art. 5 Abs. 1 DSGVO

- Rechtmäßigkeit, Treu und Glauben, Transparenz (lit. a)
- Zweckbindung (lit. b)
- Datensparsamkeit bzw. Datenminimierung (lit. c)
- Richtigkeit der Daten (lit. d)
- Speicherbegrenzung (lit. e)
- Integrität und Vertraulichkeit (Datensicherheit) (lit. f)

Der Grundsatz der *Rechtmäßigkeit* besagt, dass eine Datenerhebung nur dann zulässig ist, wenn entweder eine Einwilligung der betroffenen Person vorliegt oder ein anderer Zulässigkeitstatbestand die Datenerhebung und -verarbeitung ausnahmsweise erlaubt (vgl. dazu unter 5).

Transparenz bei der Datenerhebung bzw. -verarbeitung ist aus verschiedenen Gründen wichtig: Einerseits kann eine betroffene Person nur dann selbstbestimmt über die Verwendung ihrer Daten entscheiden, wenn sie in vollem Umfang nachvollziehen kann, wer wann welche personenbezogenen Daten von ihr erhebt oder verarbeitet. Andererseits kann sie auch nur dann von ihren Rechten zum Schutz der Persönlichkeit (z. B. dem Anspruch auf Berichtigung oder Löschung der persönlichen Daten) Gebrauch machen, wenn sie die Umstände und den Umfang der Verarbeitung überblicken kann.

Vor diesem Hintergrund erfordert der Grundsatz der Transparenz, dass alle Informationen und Mitteilungen zur Verarbeitung der personenbezogenen Daten leicht zugänglich und verständlich und in klarer und einfacher Sprache abgefasst sind. Das betrifft insbesondere die Informationen über die Identität des Verantwortlichen und die Zwecke der Verarbeitung und sonstige Informationen, die eine faire und transparente Verarbeitung im Hinblick auf die betroffenen natürlichen Personen gewährleisten, sowie deren Recht, eine Bestätigung und Auskunft darüber zu erhalten, welche sie betreffende personenbezogene Daten verarbeitet werden.[96]

Der *Zweckbindungsgrundsatz* besagt, dass personenbezogene Daten nur für festgelegte, eindeutige und legitime Zwecke erhoben werden dürfen. Dieser Grundsatz dient der Überschaubarkeit und Kontrolle der Datenverarbeitung, denn die betroffene Person soll stets in der Lage sein, Phasen der Datenverarbeitung nachzuvollziehen und gegebenenfalls einschreiten zu können.

Wichtig ist nach dem Zweckbindungsgrundsatz zum einen, dass bereits im Moment der Datenerhebung ein bestimmter Zweck verfolgt wird. Eine Datenerhebung und -verarbeitung gewissermaßen „zweckfrei" auf Vorrat ist nicht zulässig, ebenso sind spätere Zweckänderungen nur sehr eingeschränkt möglich. Der verfolgte Zweck muss zum anderen eindeutig, d. h. so weit wie möglich konkret formuliert sein. Allgemeine Aussagen („zur geschäftsmäßigen Verarbeitung") sind daher nicht statthaft. Schließlich muss die geplante Datenerhebung bzw. -verarbeitung legitim sein. Damit ist gemeint, dass sie nicht gegen allgemeine Rechtsprinzipien oder gegen sonstiges Recht außerhalb des Datenschutzes verstoßen darf.

Das *Prinzip der Datensparsamkeit bzw. Datenminimierung* spricht im Grunde für sich selbst: Es sollen stets nur so viele fremde personenbezogene Daten erhoben und verarbeitet werden, wie für den (eindeutig festgelegten und legitimen) Zweck unbedingt erforderlich sind. Das hat auch Auswirkungen auf die konkrete Ausgestaltung technischer Systeme wie Homepages (Datenschutz durch Technik bzw. Systemdatenschutz, vgl. dazu weiter unten).

Personenbezogene Daten müssen *sachlich richtig* und erforderlichenfalls auf dem neuesten Stand sein. Es sind alle angemessenen Maßnahmen zu treffen, damit personenbezogene Daten, die im Hinblick auf die Zwecke ihrer Verarbeitung unrichtig sind, unverzüglich gelöscht oder berichtigt werden.

Der Grundsatz der *Speicherbegrenzung* verlangt von der verarbeitenden Stelle, dass die fremden personenbezogenen Daten in einer Form gespeichert werden, die die Identifizierung der betroffenen Personen nur so lange ermöglicht, wie es für die Zwecke erforderlich ist. Ganz konkret ist erforderlich, dass die Speicherfrist für personenbezogene Daten auf das unbedingt erforderliche Mindestmaß beschränkt bleibt. Um sicherzustellen, dass die personenbezogenen Daten nicht länger als nötig gespeichert werden, sollte der Verantwortliche Fristen für ihre Löschung oder regelmäßige Überprüfung vorsehen.[97]

Das Prinzip der *Datensicherheit* – die DSGVO spricht von Integrität und Vertraulichkeit – zielt in zwei Richtungen: Zum einen geht es um den Schutz vor unbefugter oder unrechtmäßiger Verarbeitung, wozu auch gehört, dass Unbefugte weder die Daten noch die Geräte, mit denen diese verarbeitet werden, benutzen können. Zum anderen geht es um den Schutz vor unbeabsichtigtem Verlust, unbeabsichtigter Zerstörung oder unbeabsichtigter Schädigung. Der Verantwortliche muss geeignete technische und organisatorische Maßnahmen treffen, um diese Ziele zu erreichen.

9.1.4 Rechenschaftspflicht der verarbeitenden Stelle

Gemäß Art. 5 Abs. 2 DSGVO muss derjenige, der fremde personenbezogene Daten erhebt und verarbeitet, nachweisen, dass er sich dabei an die obigen Prinzipien des Datenschutzrechts gehalten hat. Ihn trifft insoweit eine *Rechenschaftspflicht,* was im Ergebnis zur Folge hat, dass die Beweislast für eine rechtmäßige Datenverarbeitung bei der verarbeitenden Stelle liegt. Die DSGVO schreibt keine spezielle Form des Nachweises vor. Gemäß Erwägungsgrund 78 der DSGVO sollte der Verantwortliche jedoch interne Strategien festlegen und Maßnahmen ergreifen, die insbesondere den Grundsätzen des Datenschutzes durch Technik (data protection by design) und durch datenschutzfreundliche Voreinstellungen (data protection by default) Genüge tun.

9.1.5 Rechtmäßigkeit der Datenverarbeitung

Eine zentrale Regel des deutschen Datenschutzrechts findet sich auch in der DSGVO wieder: Eine Verarbeitung personenbezogener Daten ist grundsätzlich unzulässig, es sei denn, es liegt eine Einwilligung oder ein anderer gesetzlicher Erlaubnistatbestand vor. Dieses *Verbot mit Zulässigkeitstatbeständen* ist von jedem Verantwortlichen zu beachten, egal ob es sich um den öffentlichen oder den privaten Bereich handelt.

Übersicht 10
Zulässigkeitstatbestände für rechtmäßige Datenverarbeitungen (Art. 6 Abs. 1 DSGVO)

- Datenverarbeitung bei Vorliegen einer Einwilligung
- Datenverarbeitung zur Erfüllung eines Vertrages oder zur Durchführung vorvertraglicher Maßnahmen
- Datenverarbeitung zur Erfüllung einer rechtlichen Verpflichtung
- Datenverarbeitung zum Schutz lebenswichtiger Interessen
- Datenverarbeitung zur Aufgabenwahrnehmung
- Datenverarbeitung bei Vorliegen eines berechtigten Interesses (Interessenabwägung)

Auf den Zulässigkeitstatbestand der *Einwilligung* wurde bereits im Zusammenhang mit dem Anfertigen von Schülerfotos und Schülervideos eingegangen. Speziell für die Einholung von Einwilligungen im Internet ist zu ergänzen, dass eine wirksame Einwilligung ein aktives Tun der betroffenen Person voraussetzt (sogenanntes *Opt-In*): „Dies könnte etwa durch Anklicken eines Kästchens beim Besuch einer Internetseite, durch die Auswahl technischer Einstellungen für Dienste der Informationsgesellschaft oder durch eine andere Erklärung oder Verhaltensweise geschehen, mit der die betroffene Person in dem jeweiligen Kontext eindeutig ihr Einverständnis mit der beabsichtigten Verarbeitung ihrer personenbezogenen Daten signalisiert. Stillschweigen, bereits angekreuzte Kästchen oder Untätigkeit der betroffenen Person sollten daher keine Einwilligung darstellen. […] Wird die betroffene Person auf elektronischem Weg zur Einwilligung aufgefordert, so muss die Aufforderung in klarer und knapper Form und ohne unnötige Unterbrechung des Dienstes, für den die Einwilligung gegeben wird, erfolgen.“[98]

Auf die übrigen Zulässigkeitstatbestände soll an dieser Stelle nicht weiter eingegangen werden.

9.1.6 Rechte der betroffenen Personen

Jede betroffene Person hat in Bezug auf ihre personenbezogenen Daten folgende Rechte:

Übersicht 11
Betroffenenrechte gemäß DSGVO

- Recht auf Auskunft (Art. 15 DSGVO)
- Recht auf Berichtigung (Art. 16 DSGVO)
- Recht auf Löschung („Recht auf Vergessenwerden", Art. 17 DSGVO)
- Recht auf Einschränkung (Sperrung) der Bearbeitung (Art. 18 DSGVO)
- Recht auf Datenübertragbarkeit (Art. 20 DSGVO)
- Recht zum Widerspruch (Art. 21 DSGVO)

9.2 Datenschutzrechtliche Konsequenzen für die Gestaltung der Schulhomepage

9.2.1 Datenschutzfreundliche Homepagegestaltung

Datenschutz beginnt nicht erst dann, wenn personenbezogene Daten erhoben und weiterverarbeitet werden, sondern bereits vorher, wenn eine Homepage eingerichtet wird. Den Verantwortlichen treffen insoweit zwei Verpflichtungen:

Zum einen ist er gehalten, eine Homepage so zu gestalten, dass die Datenschutzbelange der Besucher möglichst umfangreich geschützt werden (*Privacy by design* bzw. Datenschutz durch technische Gestaltung). „Unter Berücksichtigung des Stands der Technik, der Implementierungskosten und der Art, des Umfangs, der Umstände und der Zwecke der Verarbeitung sowie der unterschiedlichen Eintrittswahrscheinlichkeit und Schwere der mit der Verarbeitung verbundenen Risiken für die Rechte und Freiheiten natürlicher Personen trifft der Verantwortliche sowohl zum Zeitpunkt der Festlegung der Mittel für die Verarbeitung als auch zum Zeitpunkt der eigentlichen Verarbeitung geeignete technische und organisatorische Maßnahmen – wie z. B. Pseudonymisierung –, die dafür ausgelegt sind, die Datenschutzgrundsätze wie etwa Datenminimierung wirksam umzusetzen und die notwendigen Garantien in die Verarbeitung aufzunehmen, um den Anforderungen dieser Verordnung zu genügen und die Rechte der betroffenen Personen zu schützen."[99]

Zum anderen sollen die Werks- bzw. Voreinstellungen so datenschutzfreundlich ausgestaltet sein, dass auch weniger technikaffinen Personen ein möglichst hohes Datenschutzniveau garantiert wird *(Privacy by default)*. In

Art. 25 Abs. 2 DSGVO heißt es insoweit: „Der Verantwortliche trifft geeignete technische und organisatorische Maßnahmen, die sicherstellen, dass durch Voreinstellung nur personenbezogene Daten, deren Verarbeitung für den jeweiligen bestimmten Verarbeitungszweck erforderlich ist, verarbeitet werden. Diese Verpflichtung gilt für die Menge der erhobenen personenbezogenen Daten, den Umfang ihrer Verarbeitung, ihre Speicherfrist und ihre Zugänglichkeit. Solche Maßnahmen müssen insbesondere sicherstellen, dass personenbezogene Daten durch Voreinstellungen nicht ohne Eingreifen der Person einer unbestimmten Zahl von natürlichen Personen zugänglich gemacht werden."

9.2.2 Datenschutzerklärung

Zu den elementaren Rechten im Bereich des Datenschutzes gehört das *Auskunftsrecht* der betroffenen Person (Art. 15 DSGVO). Dem datenschutzrechtlichen Grundgedanken der Transparenz folgend wurden sehr umfangreiche Informationspflichten für denjenigen formuliert, der fremde personenbezogene Daten verarbeitet.

In der Praxis erfolgt die Information üblicherweise über eine Datenschutzerklärung (Privacy Policy), die auf einer Homepage hinterlegt wird. Eine Musterschutzerklärung können Sie im Internet finden (siehe Hinweis auf S. 9), die entsprechend angepasst werden kann.

9.2.3 Rechtliche Hinweise

Es gibt zwar keine Verpflichtung für Homepagebetreiber, rechtliche Hinweise zum Urheberrecht und zur Haftung für Urheberrechtsverletzungen in die Homepage aufzunehmen, doch sollte das gleichwohl getan werden. Eine Mustererklärung dazu können Sie im Internet finden (siehe Hinweis auf S. 9).

9.3 Datenschutzrechtliche Konsequenzen für das Hochladen von Schülerfotos und -videos

PRAXIS BEISPIEL

Die Schulleitung hat sich überlegt, dass alle Klassen der Schule fotografiert werden sollen, um die Klassenfotos anschließend auf die Homepage der Schule hochzuladen. Eine Einwilligung haben die Eltern zu Beginn des Schuljahres für das Anfertigen der Fotos erteilt. Dürfen die Fotos ohne Einholung einer weiteren Einwilligung hochgeladen werden?

Nein. Nicht nur das Anfertigen von Bildnissen stellt datenschutzrechtlich eine Verarbeitung fremder personenbezogener Daten dar, sondern auch das Hochladen in das Internet. Insoweit ist auch dafür eine Einwilligung der Erziehungsberechtigten gemäß Art. 6 und 7 DSGVO notwendig (zu den Einzelheiten vgl. bereits Kapitel 8).

9.4 Datenschutzrechtliche Konsequenzen für die Veröffentlichung von Lehrerdaten

PRAXIS BEISPIEL

Die für die Schulhomepage zuständige Lehrerin X fügt dort eine neue Rubrik ein, in der die Vor- und Zunamen, die dienstlichen Telefonnummern und E-Mail-Adressen, die schulinternen Funktionen und die Unterrichtsfächer der einzelnen Lehrkräfte einzusehen sind. Ferner beabsichtigt sie, auch die Vertretungspläne zukünftig zur Einsicht online zur Verfügung zu stellen. Der Mathematiklehrer B hält dieses Vorgehen – insbesondere weil er zuvor nicht gefragt wurde – für unzulässig. Durfte Lehrerin X die Daten ohne Einwilligung auf der Schulhomepage veröffentlichen?

Eine pauschale Antwort auf diese Frage ist nicht möglich: Die DSGVO enthält zum *Beschäftigtendatenschutz* keine eigenen Regelungen, sondern ermöglicht den Mitgliedstaaten über die Öffnungsklausel des Artikel 88 eigene Regelungen zu treffen. Der Bundesgesetzgeber hat von dieser Möglichkeit Gebrauch gemacht und in § 26 BDSG zumindest für Bundesbeamte und „klassische" Arbeitnehmer Regelungen zur Datenverarbeitung für Zwecke des Beschäftigungsverhältnisses getroffen. Da Lehrkräfte an öffentlichen Schulen in Deutschland aber ganz überwiegend Landesbeschäftigte (in den beiden Stadtgemeinden Bremen und Bremerhaven sogar kommunale Beschäftigte) sind, kommt es auf das jeweilige Landesrecht an. Und das ist – Sie ahnen es, liebe Leserin, lieber Leser – nicht einheitlich geregelt!

In zahlreichen Bundesländern findet gleichwohl § 26 BDSG Anwendung, entweder weil pauschal darauf verwiesen wird (z. B. Berlin[100]), oder weil das Landesrecht eine (mehr oder weniger) gleichlautende Regelung getroffen hat (z. B. Baden-Württemberg[101], Niedersachsen[102], Nordrhein-Westfalen[103]). In diesen Fällen ist danach zu fragen, ob die Verarbeitung der Beschäftigtendaten für die Durchführung des Beschäftigtenverhältnisses *erforderlich* ist. Es kommt mithin auf eine Interessenabwägung an: Wiegen die schulischen Interessen an einer Veröffentlichung (bzw. Datenverarbeitung) schwerer als das Persönlichkeitsrecht der Lehrkräfte?

Das *BVerfG* hält die Veröffentlichung verschiedener Daten auf der Internetseite einer Behörde (bzw. eine Schule) grundsätzlich für möglich, um so „dem außenstehenden Benutzer, für dessen Bedürfnisse sie eingerichtet worden ist, einen Hinweis darauf zu geben, welche natürlichen Personen als Amtswalter (Beamte, Angestellte) mit der Erfüllung einer bestimmten Aufgabe betraut und damit in einer auf Außenkontakt gerichteten Behörde für das Publikum der zuständige Ansprechpartner sind. Ob die Behörde dies in herkömmlicher Weise durch schriftliche Behördenwegweiser, Übersichtstafeln, Namensschilder, veröffentlichte oder auf Antrag einsehbare Geschäftsverteilungspläne oder in moderner Weise durch entsprechende Verlautbarungen auf ihrer Internetseite tut, liegt allein in ihrem organisatorischen Ermessen. Sie kann bestimmen, ob und gegebenenfalls auf welche Weise sie die tatsächliche Erreichbarkeit ihrer Bediensteten durch Außenstehende sicherstellen will. Kein Bediensteter einer Behörde hat Anspruch darauf, von Publikumsverkehr und von der Möglichkeit, postalisch oder elektronisch von außen mit ihm Kontakt aufzunehmen, abgeschirmt zu werden, es sei denn, legitime Interessen z. B. der Sicherheit gebieten dies. Mit der Nennung des Namens, der Dienstbezeichnung, der dienstlichen Telefonnummer und der dienstlichen E-Mail-Adresse des Beamten werden keine in irgendeiner Hinsicht schützenswerten personenbezogenen Daten preisgegeben […].“[104] Zusammengefasst dürfen daher folgende Daten auf einer Schulhomepage veröffentlicht werden: Name (nicht: Vorname!), die dienstliche Adresse, die Funktionsbezeichnung, die Unterrichtsfächer sowie Informationen zur dienstlichen Erreichbarkeit (z. B. dienstliche E-Mail-Adresse).

PRAXIS BEISPIEL

Der Englischlehrer K beschwert sich über den Aushang seines persönlichen Stundenplanes in der Schule, der Klassenbezeichnung, Raumbezeichnung, Unterrichtsfach und Lehrerkürzel enthält. Gleichzeitig wird auch der Vertretungsplan auf der Schulhomepage veröffentlicht. Er hält beides für unzulässig. Er ist der Ansicht, dass Schüler, Eltern und Dritte Rückschlüsse auf seine krankheitsbedingten Fehlzeiten ziehen könnten.

Inwieweit die Interessenabwägung zwischen den dienstlichen Belangen einerseits und den Persönlichkeitsrechten der Beschäftigten andererseits auch die Veröffentlichung von Stunden- und Vertretungsplänen erlaubt, ist problematisch: Mit dem Kultusministerium des Landes Niedersachsen wird man für persönliche *Lehrerstundenpläne* davon ausgehen müssen, dass eine Veröffentlichung – sei es auf einem Schulflur oder im Internet – grundsätzlich nicht erforderlich ist: „Die nach Lehrerkürzeln sortierten Pläne enthalten auf die einzelnen Lehrkräfte bezogene Zusammenfassungen von Daten, die durchaus schützenswert sein können. Für die Schülerinnen und Schüler reicht es aus, sich im Lehrerzimmer oder Sekretariat (durch Nachfragen oder anhand eines Aushangs) darüber informieren können, wo sie eine bestimmte Lehrkraft erreichen können. Eine Veröffentlichung (durch Aushang im Flur der Schule oder im Internet) wäre nur mit Zustimmung der Betroffenen möglich."[105]

Vertretungspläne können im Internet veröffentlicht werden, „weil Schülerinnen und Schüler sich über eventuelle Stundenausfälle, Verlegungen oder Vertretungen informieren können sollten. Auch bei einer Veröffentlichung der regulären Stundenpläne auf der Homepage einer Schule bestehen keine datenschutzrechtlichen Bedenken, denn die übermittelten Daten lassen keine direkten, über den erforderlichen Informationsbedarf hinausgehenden Rückschlüsse auf einzelne Personen zu und der reibungslose Ablauf der Unterrichtsorganisation kann die Veröffentlichung auch der Klassenpläne durchaus erfordern. Voraussetzung ist immer, dass nur Kürzel verwendet werden und keine Entschlüsselungsliste veröffentlicht wird. Unter Berücksichtigung der weltweiten Abrufbarkeit der im Internet eingestellten Informationen sollte jedoch auch überlegt werden, ob trotz der rechtlichen Grundlage nicht eine datenschutzgerechtere Form gefunden werden kann. Datenschutzgerechter wäre es z. B., eine geschlossene Benutzergruppe mit Passworteingabe einzurichten und die Stundenpläne mit einer Zugriffsbeschränkung für die Schülerinnen und Schüler, evtl. sogar klassenbezogen, zu versehen."[106]

9.5 Schulhomepage und Urheberrecht

9.5.1 Hochladen von Unterrichtsergebnissen

Schulen haben ein großes Interesse daran, Einblicke in ihre Unterrichtstätigkeit zu geben. Die Schulhomepage bildet dafür eine gelungene Plattform, können Unterrichtsergebnisse dort doch auf sehr unterschiedliche Art und Weise präsentiert werden.

Für die folgende Betrachtung erscheint es sinnvoll, zwei unterschiedliche Arten von Schülerarbeiten zu unterscheiden: Zum einen Unterrichtsergebnisse wie Kunstwerke, die allein von dem Schüler ohne Einbindung fremder Werke geschaffen wurden. Zum anderen Produkte wie Schülerreferate, für die auch fremde Werke wie Bilder und Grafiken herangezogen werden.

PRAXIS BEISPIEL

Die Deutschlehrerin G hat eine Klassenarbeit zum Thema „Literatur in der Spätromantik" schreiben lassen. Sie ist über den Aufsatz eines 15-jährigen Schülers derart begeistert, dass sie diesen auf der Schulhomepage veröffentlichen möchte. Sie ist der Ansicht, sie müsse keine Einwilligung des Schülers einholen, da die Schule bei Klausuren sowieso der Rechteinhaber sei und sie sich das Thema schließlich ausgedacht habe.

Auch Schüler können im schulischen Bereich Urheber von Werken sein, indem sie beispielsweise im Kunstunterricht Bilder erstellen oder Klassenarbeiten schreiben. Auch wenn die Schule bzw. die Lehrkraft der Ideengeber ist, indem sie bzw. er dem Schüler eine Aufgabe stellt, die dieser zu bewältigen hat, bleibt der Schüler der Schöpfer des Werkes mit den entsprechenden Rechten. Hiervon ist strikt die Frage des Eigentums zu trennen. So ist eine Prüfungsarbeit zwar ein Teil der Prüfungsakte und steht damit im Eigentum des zuständigen Bundeslandes. Dennoch bleiben die Schülerinnen und Schüler Urheber der Prüfungsarbeit mit den entsprechenden Konsequenzen. Die Prüfungsarbeit darf somit ohne die Einwilligung der Schülerinnen und Schüler weder veröffentlicht noch sonst wie verwertet werden.

In dem obigen Fall hat Lehrerin G somit keine andere Möglichkeit, als den Schüler um Erlaubnis zu fragen. Es muss eine *Nutzungsrechtevereinbarung* zwischen dem Schüler und der Schule geschlossen werden. Diese Vereinbarung ist an keine besondere Form gebunden, kann somit auch mündlich oder stillschweigend abgeschlossen werden. Aus Beweisgründen wird aber empfohlen, eine präzise, den genauen Umfang festlegende Nutzungsrechtevereinbarung schriftlich abzuschließen, falls es später doch noch zu Unstimmigkeiten kommen sollte.

Da es sich bei dieser Vereinbarung – anders als bei der Einwilligung zur Veröffentlichung eines Fotos, auf dem auch der Schüler zu sehen ist – um ein *Rechtsgeschäft* handelt, sind die Vorschriften des Bürgerlichen Gesetzbuches (BGB) zu beachten. Die Erklärung eines Minderjährigen – von der Vollendung des siebten Lebensjahres bis zur Volljährigkeit – ist bei Geschäften, die nicht lediglich rechtlich vorteilhaft sind, bis zur Genehmigung durch seine Erziehungsberechtigten schwebend unwirksam. Es genügt nicht, dass der 15-jährige Schüler mit der Veröffentlichung einverstanden ist, sondern dass seine Eltern dieser Nutzung zustimmen. Bis zur Vollendung des siebten Lebensjahres des Schülers haben ausschließlich die Erziehungsberechtigten die Nutzungsrechtevereinbarung abzuschließen, da der Schüler bis zu dieser Altersgrenze geschäftsunfähig ist. Eine etwaige Erlaubnis des Schülers wäre nichtig[107] und somit gänzlich unbeachtlich. Der Schüler bzw. seine Erziehungsberechtigten können darauf bestehen, dass er als Verfasser des Aufsatzes genannt wird (§ 13 UrhG).

PRAXIS BEISPIEL

Schülerin S hält im Unterricht ein mediengestütztes Referat über die spanische Stadt Córdoba. Darin verwendet sie auch ein im Internet frei zugängliches Foto, das die Stadt zeigt. Der Spanischlehrer ist von dem Referat so begeistert, dass er den für die Schulhomepage verantwortlichen Kollegen bittet, das Referat online zu stellen. Durch Zufall wird der Urheber des verwendeten Fotos auf das Bild aufmerksam und verlangt Schadensersatz für die unerlaubte Nutzung seines Fotos (nach *EuGH,* Urt. v. 7. 8. 2018 – C-161/17 = NJW 2018, S. 3501 – Córdoba).

An anderer Stelle wurde bereits dargelegt, dass nach neuem Urheberrecht unter bestimmten Bedingungen auch fremde Werke auf einer (Schul-) Homepage öffentlich zugänglich gemacht werden dürfen, sofern die fremden Werke bereits zuvor im Unterricht verwendet wurden und es nun darum geht, der Öffentlichkeit Einblicke in die Unterrichtstätigkeit zu geben (vgl. Kapitel 5).

9.5.2 Fotos, Bilder u. Ä. aus dem Internet

PRAXIS BEISPIEL

Der nächste Informationsabend der Schule steht vor der Tür. Um das tolle Fremdsprachenangebot auch auf der Schulhomepage besonders hervorzuheben, lädt Lehrer F ein fremdes Lichtbild hoch, ohne den Rechteinhaber vorher zu fragen. Als dieser durch Zufall auf sein Bild aufmerksam wird, macht er Unterlassungs- und Schadensersatzansprüche geltend (in Anlehnung an OLG Frankfurt/M., Urt. v. 9. 5. 2017 – 11 U 153/16 = GRUR 2017, S. 814).

In jüngerer Zeit mussten sich mehrere Gerichte mit dem Problem befassen, dass Lehrkräfte fremde Werke auf eine Schulhomepage in unzulässiger Weise hochgeladen haben.[108] Über das Internet ist es jedem möglich, innerhalb kürzester Zeit an Fotos, Bilder, Icons, bewegte Cartoons, Texte usw. zu gelangen, die sich auch für die Schulhomepage gut eignen würden. Hierbei ist – wie bereits oben erwähnt – der Grundsatz zu beachten, dass sämtliche Rechte beim Urheber bzw. Nutzungsberechtigten liegen. Bei Lichtbildern ist dieses gemäß § 72 UrhG der Fotograf.

Sofern das fremde Werk, welches für die Schulhomepage verwendet werden soll, nicht unter einer genehmigungs- und vergütungsfreien CC-Lizenz (Creative Commons Licence) steht, ist es zwingend notwendig, dass von dem jeweiligen Rechteinhaber vor dem Hochladen eine Genehmigung zur Übernahme der Fotos, Bilder, der Grafik, des Cartoons oder des Icons eingeholt wird.

Im vorliegenden Fall ist der Urheber somit berechtigt, Unterlassungs- und Schadensansprüche geltend zu machen. Wichtig ist in diesem Zusammenhang, dass sich mögliche Schadensersatzansprüche zunächst einmal nicht gegen die Lehrkraft richten, welche das fremde Werk in unzulässiger Weise hochgeladen hat, sondern gegen die *Anstellungskörperschaft.*[109] Das ist nahezu immer das Bundesland, bei welchem die Lehrkraft beschäftigt ist, allein im Land Bremen sind die beiden Stadtgemeinden Bremen und Bremerhaven die Anstellungskörperschaften. Insoweit folgt die Haftung für Verstöße gegen das Urheberrecht dem allgemeinen Amtshaftungsgrundsatz: Verletzt ein Beamter vorsätzlich oder fahrlässig die ihm einem Dritten gegenüber obliegende Amtspflicht, so hat er dem Dritten nach § 839 Abs. 1 Satz 1 BGB den daraus entstehenden Schaden zu ersetzen. Dabei trifft die Verantwortlichkeit nach Art. 34 Satz 1 GG grundsätzlich den Staat oder die Körperschaft, in deren Diensten er steht, wenn er die ihm einem Dritten gegenüber obliegende Amtspflicht in Ausübung eines ihm anvertrauten öffentlichen Amtes verletzt.

9.5.3 Links

PRAXIS BEISPIEL Der für die Schulhomepage zuständige Lehrer D am Gymnasium H möchte auf der Schulhomepage einen Link auf die Internetseite einer gemeinnützigen Organisation setzen, die sich vorrangig mit dem Transport von Hilfsgütern in außereuropäische Krisenregionen beschäftigt. Darf er das, ohne die Organisation vorher zu fragen?

Hyperlinks, kurz Links, sind Verweise auf ein anderes Dokument in einem Hypertext (normalerweise dem World Wide Web). Sie enthalten einen Hinweis auf Inhalte fremder Internetseiten und geben gleichzeitig die technische Möglichkeit, eine direkte Verbindung zu dieser Internetseite herzustellen. Die wichtigsten Links sind der Surface-Link und der Deep-Link.

Der *Surface-Link* steht für eine Verbindung auf die Startseite einer fremden Homepage. Für den Nutzer ist ohne Weiteres erkennbar, dass er auf fremde Inhalte zugreift.

Der *Deep-Link* geht – wie der Begriff bereits deutlich macht – „tiefer" in die fremde Homepage, er greift direkt auf Unterseiten der fremden Homepage zu. Der Nutzer kann zwar in dem Browserfenster die fremde Adresse erkennen. Problematisch ist aber, dass durch die Umgehung der Startseite gegebenenfalls gesetzte rechtliche Hinweise und sonstige Informationen nicht zu erkennen sind. Ferner sind auf diese Weise installierte Werbebanner auf der Startseite nicht zu erkennen, was dem Interesse des Inhabers der fremden Homepage gewöhnlich zuwider laufen wird.

Nach der derzeitigen Rechtsprechung sowohl des BGH als auch des EuGH stellt das schlichte Verlinken auf eine andere Homepage keine urheberrechtlich beachtliche Nutzungshandlung dar. So hat der BGH in seiner *Paperboy*-Entscheidung das Setzen eines Deep-Links ohne die ausdrückliche Einwilligung des fremden Inhabers für zulässig angesehen: „Es wird deshalb grundsätzlich kein urheberrechtlicher Störungszustand geschaffen, wenn der Zugang zu dem Werk durch das Setzen von Hyperlinks (auch in der Form von Deep-Links) erleichtert wird. [...] Auch ohne Hyperlink kann ein Nutzer unmittelbar auf eine im Internet öffentlich zugängliche Datei zugreifen, wenn ihm deren URL (Uniform Resource Locator), die Bezeichnung ihres Fundorts im World Wide Web, genannt wird."[110] Der EuGH begründet sein Ergebnis damit, dass durch das Setzen des Links kein neues Publikum angesprochen wird – was jedoch für das Vorliegen einer öffentlichen Wiedergabe im Sinne von Art. 3 Abs. 1 der InfoSoc-RL notwendig wäre: „Da die betreffenden Werke auf der Seite, auf der sie ursprünglich wiedergegeben wurden, sämtlichen Nutzern einer anderen Seite, für die eine Wiedergabe dieser Werke über einen anklickbaren Link erfolgte, ohne Zutun des Betreibers dieser anderen Seite unmittelbar zugänglich waren, sind die Nutzer dieser von ihm betriebenen Seite demnach als potenzielle Adressaten der ursprünglichen Wiedergabe und daher als Mitglieder der Öffentlichkeit anzusehen, die die Inhaber des Urheberrechts hatten erfassen wollen, als sie die ursprüngliche Wiedergabe erlaubten. Mangels neuen Publikums ist deshalb für eine öffentliche Wiedergabe wie die im Ausgangsverfahren keine Erlaubnis der Urheberrechtsinhaber erforderlich."[111]

Da in dem *Praxisbeispiel* der für die Schulhomepage zuständige Lehrer D lediglich einen Surface-Link setzen möchte, kann er dies ohne Bedenken tun, es sei denn, es ist ein entgegenstehender Wille der gemeinnützigen Organisation zu erkennen (etwa auf der Internetseite der Organisation).

PRAXIS BEISPIEL Die Internetseite der Hilfsorganisation entpuppt sich als ausländerfeindliches Forum, auf der auch verbotene bzw. rechtswidrige Inhalte zu finden sind. Kann Lehrer D dafür haftbar gemacht werden, wenn er einen Link zu der Seite setzt?

Auch wenn das Setzen eines zulässigen Links keinen Verstoß gegen das Urheberrecht darstellt, kann eine Haftung des Linksetzers dann in Betracht kommen, wenn über die verlinkte Internetseite *rechtswidrige Inhalte* veröffentlicht werden. Eine Haftung bedeutet insbesondere die zivilrechtliche Inanspruchnahme auf Unterlassung und Schadensersatz. Erfüllen die fremden Inhalte einen Straftatbestand, kann eine Verlinkung unter Umständen auch eine strafrechtliche Verfolgung nach sich ziehen.

Der EuGH hält die Verlinkung zu rechtswidrigen Inhalten auf einer fremden Homepage solange für zulässig, wie der Verlinkende ohne Gewinnerzielungsabsicht handelt und er von der Rechtswidrigkeit der fremden Veröffentlichung auch keine Kenntnis hat. Mit Verweis auf die hohe Bedeutung der Meinungsfreiheit führt das Gericht in seiner *GS Media*-Entscheidung aus: „Insoweit ist festzustellen, dass das Internet für die durch Art. 11 der Charta gewährleistete Freiheit der Meinungsäußerung und Informationsfreiheit tatsächlich von besonderer Bedeutung ist und dass Hyperlinks zu seinem guten Funktionieren und zum Meinungs- und Informationsaustausch in diesem Netz beitragen, das sich durch die Verfügbarkeit immenser Informationsmengen auszeichnet. Darüber hinaus kann es sich insbesondere für Einzelpersonen, die solche Links setzen wollen, als schwierig erweisen, zu überprüfen, ob die Website, zu der diese Links führen sollen, Zugang zu geschützten Werken geben, und gegebenenfalls, ob die Inhaber der Urheberrechte an diesen Werken deren Veröffentlichung im Internet erlaubt haben. Dies ist erst recht dann schwer zu ermitteln, wenn für diese Rechte Unterlizenzen erteilt worden sind. Ferner kann der Inhalt einer Website, zu der ein Hyperlink Zugang gibt, nach der Platzierung des Links unter Aufnahme geschützter Werke geändert werden, ohne dass sich derjenige, der den Link geschaffen hat, dessen notwendig bewusst sein muss."[112]

PRAXIS BEISPIEL Die rechtswidrigen Inhalte werden erst auf die Internetseite gestellt, nachdem D den Link gesetzt hat. Kann er auch in diesem Fall dafür haftbar gemacht werden?

Bislang noch nicht abschließend geklärt ist die Frage der *Prüfpflichten nach der Linksetzung*, d.h., ob ein Linksetzer verpflichtet ist, die verlinkte Internetseite regelmäßig auf rechtswidrige Inhalte zu überprüfen. Auch hierbei kommt der Zumutbarkeit eine ganz wesentliche Bedeutung zu. Nach der Rechtsprechung des BGH „kann eine Haftung begründet sein, wenn ein

Hyperlink aufrechterhalten bleibt, obwohl eine nunmehr zumutbare Prüfung, etwa nach einer Abmahnung oder Klageerhebung, ergeben hätte, dass mit dem Hyperlink ein rechtswidriges Verhalten unterstützt wird.“[113]

Da im obigen Abwandlungsfall die Internetseite der gemeinnützigen Organisation bei Setzen des Links keine rechtswidrigen Inhalte aufwies und für Lehrer D auch keine Anhaltspunkte dafür zu erkennen sind, dass rechtswidrige Inhalte eingestellt werden könnten, bedarf es keiner regelmäßigen Prüfung. Nach dem Prinzip des „sichersten Weges“ sollte Lehrer D aber dennoch hin und wieder eine Überprüfung vornehmen.

PRAXIS BEISPIEL

Schule D hat in ihren rechtlichen Hinweisen auf der Schulhomepage einen sogenannten Disclaimer aufgenommen. Der Schulleiter ist der Meinung, so jegliche Haftung für gesetzte Internetlinks abwenden zu können.

Um jegliches Risiko einer Haftung auszuschließen, enthalten Internetseiten häufig einen *Disclaimer.* Auf einer Vielzahl von Internetseiten befindet sich sinngemäß folgender Text:

Mit Urteil vom 12. 5. 1998 hat das Landgericht Hamburg entschieden, dass man durch die Ausbringung eines Links die Inhalte der gelinkten Seite gegebenenfalls mitzuverantworten hat. Dies kann nur dadurch verhindert werden, dass man sich ausdrücklich von diesem Inhalt distanziert. Ich distanziere mich aus diesem Grunde hiermit ausdrücklich von allen Inhalten aller gelinkten Seiten auf meiner Homepage und mache mir diese Inhalte nicht zu eigen.

Ein solcher pauschaler Hinweis auf der Internetseite reicht nicht aus, um sich von einer Haftung im urheber-, wettbewerbs- oder markenrechtlichen Sinne freizuzeichnen.[114] Ein solcher Disclaimer sollte daher nicht verwendet werden. Stattdessen wird empfohlen, allgemeine rechtliche Hinweise zum Urheberrecht und zur Haftung für Inhalte zu verfassen.

9.5.4 Framing

PRAXIS BEISPIEL

Schule F möchte auf ihrer Homepage mit Hilfe des sogenannten *framings* ein fremdes Video einbetten, welches seinen Ursprung auf einer anderen Homepage hat und dort auch mit Zustimmung des Rechteinhabers hochgeladen wurde. Darf sie das?

Das „Framing“ ist eine spezielle Form einer Verlinkung. Es handelt sich um eine weit verbreitete Methode, bei der mit Hilfe eines Links ein fremder Beitrag (meistens sind es Videos) auf der eigenen Homepage nutzbar gemacht wird. In der Regel sieht man lediglich ein Foto, welches beim Anklicken dazu führt, dass in einem vorgegebenen Rahmen der verlinkte Fremdbeitrag abgespielt wird.

Der BGH hat in seiner Entscheidung *Die Realität II* speziell für das Framing ausgeführt, dass die Einbettung eines auf einer Internetseite mit Zustimmung des Urheberrechtsinhabers für alle Internetnutzer frei zugänglichen Werkes in eine eigene Internetseite im Wege des „Framings“ grundsätzlich keine öffentliche Wiedergabe im Sinne von § 15 Abs. 2 und 3 UrhG darstelle und somit zulässig sei.[115] Er stützt sich dabei auf den EuGH, der zu dieser Frage ebenfalls Stellung nehmen musste: „Die Einbettung eines auf einer Website öffentlich zugänglichen geschützten Werkes in eine andere Website mittels eines Links unter Verwendung der Framing-Technik [...] allein stellt keine öffentliche Wiedergabe im Sinne von Art. 3 Abs. 1 der Richtlinie 2001/29/EG des Europäischen Parlaments und des Rates vom 22. Mai 2001 zur Harmonisierung bestimmter Aspekte des Urheberrechts und der verwandten Schutzrechte in der Informationsgesellschaft dar, soweit das betreffende Werk weder für ein neues Publikum noch nach einem speziellen technischen Verfahren wiedergegeben wird, das sich von demjenigen der ursprünglichen Wiedergabe unterscheidet.“[116]

9.5.5 Haftung der Lehrkraft für Urheberrechtsverstöße

Bereits oben wurde dargestellt, dass sich Unterlassungs- und Schadensersatzansprüche nicht gegen die Lehrkraft persönlich richten, sondern immer erst einmal gegen die jeweilige Anstellungskörperschaft.

Verletzt ein Beamter vorsätzlich oder fahrlässig die ihm einem Dritten gegenüber obliegende Amtspflicht, so hat er dem Dritten nach § 839 Abs. 1 Satz 1 BGB den daraus entstehenden Schaden zu ersetzen. Dabei trifft die Verantwortlichkeit nach Art. 34 Satz 1 GG grundsätzlich den Staat oder die Körperschaft, in deren Diensten er steht, wenn er die ihm einem Dritten gegenüber obliegende Amtspflicht in Ausübung eines ihm anvertrauten öffentlichen Amtes verletzt.

9.6 Sonstiges

9.6.1 Impressum

Für nahezu alle elektronischen Informations- und Kommunikationsdienste (Telemedien) sehen das Telemediengesetz (TMG) und der Staatsvertrag für Rundfunk und Telemedien (RStV) bestimmte Informationspflichten vor. Zwar ist rechtlich umstritten, ob auch Schulen bzw. Behörden impressumspflichtig sind. Um jedoch Rechtsstreitigkeiten gar nicht erst aufkommen zu lassen, wird an dieser Stelle empfohlen, ein Impressum nach den Vorgaben von § 5 Abs. 1 TMG auf der Homepage zu erstellen.

Eine erweiterte Impressumspflicht gilt für solche Homepages, die auch journalistisch-redaktionell gestaltete Angebote bereithalten – was wohl rein praktisch bei allen Schulhomepages so ist. Für diesen Fall ist im Impressum zusätzlich ein Verantwortlicher mit Angabe des Namens und der Anschrift zu benennen (vgl. § 55 Abs. 2 RStV). Werden mehrere Verantwortliche benannt, so ist kenntlich zu machen, für welchen Teil des Dienstes der jeweils Benannte verantwortlich ist.

Übersicht 12
Beispiel für ein Impressum einer öffentlichen Schule (Angaben fiktiv)

Impressum:
XXX-Gymnasium
Schulträger *(= Diensteanbieter, §§ 5 Abs. 1 Nr. 1 TMG, 55 Abs. 1 Nr. 1 RStV)*
Land XYZ
vertreten durch die Ministerin für Wissenschaft und Kultur
Katalanenstr. 175, 12345 SOXXX
Telefon: 02 31 / 53 25 66 67
E-Mail: sekretariat@example-ministerium.de

Schulleitung *(= vertretungsberechtigte Person, §§ 5 Abs. 1 Nr. 1 TMG, 55 Abs. 1 Nr. 2 RStV)*
OStD Karl-Heinz Müller, Schulleiter
StD Kai-Uwe Schmitt, stellvertretender Schulleiter
Lessingweg 56, 56789 WXXXX
Telefon: 02 21 / 84 65 95 10
E-Mail: sekretariat@example-gymnasium.de

Verantwortlicher für journalistisch-redaktionelle Inhalte *(= § 55 Abs. 2 RStV)*
StD Gerald Meier
XXX-Gymnasium
Lessingweg 56
56789 WXXXXX

Die Informationen müssen leicht erkennbar, unmittelbar erreichbar und ständig verfügbar sein. Sie müssen also optisch leicht und effektiv wahrnehmbar sein.[117] Die Angaben müssen nicht notwendig auf der Startseite gemacht werden. Der benutzte Link muss aber unmissverständlich darauf hinweisen. Daher sollten diese in einer ohne weitere Zwischenschritte erreichbaren Rubrik wie z. B. „Impressum“ oder „Kontakt“ hinterlegt sein. Eine unmittelbare Erreichbarkeit ist gegeben, wenn die Anbieterkennzeichnung von jeder Seite des Internetauftrittes mit zwei Links zu erreichen ist.[118]

9.6.2 Schule und Social Media

PRAXIS BEISPIEL Schule F betreibt bei Facebook eine Fanpage. Lehrer D, der für den Datenschutz an der Schule zuständig ist, ist sich nicht sicher, ob das eine gute Idee ist.

Der EuGH hat entschieden, dass nicht nur Facebook für die Verarbeitung personenbezogener Daten seiner Besucher verantwortlich ist, sondern auch der Betreiber einer Facebook-Fanpage.[119] Fanpages sind Benutzerkonten, die bei Facebook von Privatpersonen oder Unternehmen eingerichtet werden können, um sich den Nutzern dieses sozialen Netzwerks sowie Personen, die die Fanpage besuchen, zu präsentieren. Die Betreiber von Fanpages können dabei anonymisierte statistische Daten über die Nutzer dieser Seiten erhalten, welche mit Hilfe sogenannter Cookies gesammelt werden.

Wenn auf die Verarbeitung solcher Daten weder durch Facebook noch durch den Fanpagebetreiber hingewiesen wird, liegt eine unrechtmäßige Datenverarbeitung vor. Damit sind die Haftungsrisiken für Behörden und Unternehmen, die bei Facebook vertreten sind, deutlich angestiegen. Die Inhalte der Entscheidung sind auch auf andere soziale Netzwerke übertragbar.

10 Kein Kavaliersdelikt! – Plagiate in Schülerarbeiten

PRAXIS BEISPIEL

Geschichtslehrerin G korrigiert schriftliche Ausarbeitungen, die ihre Schülerinnen und Schüler anstelle einer Klausur angefertigt haben. Bei einer Arbeit wird sie stutzig, denn sie vermutet, dass die Schülerin einen Absatz wortwörtlich von einer anderen Quelle übernommen hat, ohne es im Text kenntlich zu machen. G ist dieser Meinung, da dieser Absatz – im Gegensatz zum restlichen Text – keine Rechtschreibfehler enthält, einen anderen Schreibstil aufweist und in einer etwas kleineren Schriftgröße verfasst ist. G tippt den Satz wortwörtlich in eine Internet-Suchmaschine ein, findet aber kein übereinstimmendes Ergebnis.

10.1 Begriffsklärung: Plagiat und Plagiator

Als „Plagiarius" – Menschenräuber bzw. Seelenverkäufer – beschrieb der Dichter Martialis im Alten Rom scherzhaft seinen Dichterkollegen Fidentinus, der sich die Urheberschaft über seine Dichtungen angemaßt hatte.[120] Bis in die heutige Zeit ist uns diese Metapher erhalten geblieben, wenn wir denjenigen, der sich fremdes Geisteseigentum als eigenes anmaßt, als „Plagiator" und die Tat als „Plagiat" bezeichnen.

Allerdings ist der Begriff „Plagiat" kein Rechtsbegriff, sondern er umschreibt ähnlich wie der Begriff „Mobbing" lediglich einen bestimmten Sachverhalt, der rechtlich zu würdigen ist. In unserer Alltagssprache steht er für ganz verschiedene Dinge: Angefangen bei nachgemachten Produkten, die dem Original zum Verblüffen ähnlich sehen, über Musikstücke, die man so oder ähnlich schon einmal irgendwo gehört hat, bis hin zum Abschreiben aus fremden Werken im Bereich der Schulen, Hochschulen und Universitäten.

Das Problem ist allerdings immer dasselbe: Genau wie Fidentinus geriert sich jemand als der wahre Schöpfer bzw. Urheber eines Werkes, obwohl er es eigentlich gar nicht ist, weil er sich entweder in unzulässiger Weise bei einem Dritten bedient (z. B. indem ein Schüler für seine Arbeit aus einem Fachbuch abschreibt) oder ein fremdes Werk vollständig als eigenes ausgibt (z. B. indem eine Schülerin eine schriftliche Ausarbeitung durch einen Ghostwriter erstellen lässt). Auch der „Ideenklau" gehört dazu.

Aus rechtlicher Sicht ist ein Plagiat vor allem unter zwei Gesichtspunkten zu würdigen: Erstens ist zu prüfen, inwieweit eine *Urheberrechtsverletzung* vorliegt, weil der mögliche „Täter" beispielsweise in unzulässiger Weise gegen die Zitierpflicht des § 51 UrhG verstoßen hat. In diesem Zusammenhang ist darauf hinzuweisen, dass im Bereich des Urheberrechts nicht bei jeder Aneignung fremden Geistesgutes von einem Plagiat gesprochen wird. Vielmehr fallen nur solche darunter, die bewusst bzw. vorsätzlich vorgenommen werden.[121] Insoweit ist also das urheberrechtliche Plagiat lediglich ein besonders schwerer – weil vorsätzlich begangener – Fall einer unzulässigen Übernahme fremden geistigen Eigentums. Hat der „Täter" hingegen fahrlässig gehandelt, liegt lediglich eine plagiatsähnliche Urheberrechtsverletzung vor.

Zweitens ist danach zu fragen, ob das Plagiat einen Täuschungsversuch darstellt, sodass Fragen des *Prüfungsrechts* betroffen wären.

Bevor auf diese beiden Aspekte näher eingegangen wird, soll das Problem selbst noch einmal stärker in den Vordergrund rücken.

10.2 Bestandsaufnahme: Plagiate und plagiatsähnliche Fälle in (Hoch-)Schulen und Universitäten

Dass das Abschreiben in einer Klassenarbeit oder in einer Klausur nicht erlaubt ist, weiß jede Schülerin und jeder Schüler. Dass die Übernahme fremder Inhalte in anderen Leistungskontrollen wie z. B. schriftlichen Ausarbeitungen ebenfalls unzulässig ist, sofern der fremde Teil nicht kenntlich gemacht und mit einer Quellenangabe versehen wird, scheint entweder noch nicht so in den Köpfen der Schüler verbreitet zu sein oder aber – was wahrscheinlicher ist – wird von ihnen als Kavaliersdelikt angesehen.

Doch nicht nur dort: Vor allem im Bereich der Wissenschaft an den Hochschulen und Universitäten ist das Plagiieren seit geraumer Zeit ein großes Problem, was durch die Entwicklung der modernen Medien noch erheblich verstärkt wurde. Denn gerade durch das Internet ist es möglich geworden, Zugang zu zahlreichen Informationen und fremden Werken zu bekommen und diese dann mit Hilfe des „Copy and paste"-Verfahrens in die eigene Arbeit zu übertragen.

In seinem lesenswerten Buch „Das Wissenschaftsplagiat"[122] stellt der Universitätsprofessor Volker Rieble – unter z. T. ausdrücklicher Nennung der Plagiatoren – zahlreiche Fälle vor, bei denen erhebliche Urheberrechtsverletzungen begangen wurden: Da wird beispielsweise auf eine Abiturprüfung hingewiesen, die sich ein Schüler durch Abschreiben erschleichen wollte[123], es wird von einer Studentin der Rechtswissenschaften berichtet, die sich ihre Hausarbeit zum Ersten Staatsexamen gegen Zahlung von 2.000 Euro von einem akademischen Ghostwriter anfertigen ließ – und trotzdem durchfiel[124] – oder es werden Promotionsarbeiten genannt, in denen z. T. mehrere Seiten aus anderen Werken wortwörtlich übernommen sind.

Dass das Plagiieren selbst vor Professoren nicht Halt macht, überrascht – oder doch besser: enttäuscht – am meisten, denn gerade sie sollten doch die Regeln des wissenschaftlichen Arbeitens erst recht beherzigen. So berichtet RIEBLE weiter davon, dass ein Professor der Slawistik die Staatsexamensarbeit einer Studentin unter eigenem Namen in einer Festschrift veröffentlichte oder dass Professoren für das Schreiben „eigener" Lehrbücher auf Werke anderer Wissenschaftler zurückgreifen.

Traurige Berühmtheit erlangten die Plagiatsvorwürfe gegen die beiden Politiker zu Guttenberg und Koch-Mehrin. Beide hatten jeweils in ihren Dissertationen fremde Inhalte in erheblicher Weise verwendet, ohne dieses hinreichend kenntlich zu machen.

In einer der wenigen vorhandenen Studien erforschte der Soziologe SATTLER das Abschreiben von Schülern und Studenten.[125] In einer Umfrage gaben rund 56 Prozent der Studenten an, dass sie bereits in der Schule in unzulässiger Weise fremde Gedanken oder Zitate ohne Quellenangabe bewusst übernommen hätten, für das Studium selbst traf das auf jeden Fünften zu.[126]

Vor diesem Hintergrund muss es eine wichtige Aufgabe der Institution „Schule" sein, die Schülerinnen und Schüler für das Thema zu sensibilisieren. Es muss ihnen auf der einen Seite immer wieder verdeutlicht werden, dass das Abschreiben aus anderen Werken für schriftliche Ausarbeitungen gerade kein Kavaliersdelikt ist, sondern genauso verboten ist wie das „Schummeln" in Klassenarbeiten und Klausuren. Sie müssen lernen, dass sie – einem Dieb gleich – geistiges Eigentum stehlen und dass dies verschiedene Sanktionen (auch strafrechtliche!) auslösen kann. Auf der anderen Seite muss den Schülern aber auch das entsprechende Rüstzeug an die Hand gegeben werden: Nur wenn sie im Unterricht die Techniken des wissenschaftlichen Arbeitens einüben und erfahren, wie es richtig geht, besteht auch die Chance, Urheberrechtsverletzungen in der Schule und ggf. später im Studium zu minimieren.

10.3 Plagiate und Urheberrecht

Worauf muss man nun aber achten, wenn fremde Inhalte für eine eigene Arbeit übernommen werden sollen? Aus urheberrechtlicher Sicht gestaltet sich die Sachlage eigentlich recht einfach: Jede Übernahme fremder Inhalte stellt eine Vervielfältigung im Sinn des § 16 UrhG dar. Da jedoch grundsätzlich dem Urheber allein das Recht zusteht, darüber zu entscheiden, ob und ggf. was von seinem Werk kopiert wird, müsste sich der Schüler auf eine gesetzliche Ausnahmebestimmung („Schranke") berufen können, die ihm ausnahmsweise die Vervielfältigung auch ohne ausdrückliche Erlaubnis des Urhebers gestattet. Als eine solche Ausnahmebestimmung kommt hier das Zitatrecht gem. § 51 UrhG in Betracht.

Übersicht 13
Anforderungen an ein rechtmäßiges Zitat gem. § 51 UrhG

„Zulässig ist die Vervielfältigung, Verbreitung und öffentliche Wiedergabe eines veröffentlichten Werkes zum Zweck des Zitats, sofern die Nutzung in ihrem Umfang durch den besonderen Zweck gerechtfertigt ist. Zulässig ist dies insbesondere, wenn

(1) einzelne Werke nach der Veröffentlichung in ein selbständiges wissenschaftliches Werk zur Erläuterung des Inhalts aufgenommen werden,
(2) Stellen eines Werkes nach der Veröffentlichung in einem selbstständigen Sprachwerk angeführt werden,
(3) einzelne Stellen eines erschienenen Werkes der Musik in einem selbstständigen Werk der Musik angeführt werden."

10.3.1 Zitate in Sprachwerken

Während § 51 Nr. 1 UrhG das sogenannte *Großzitat* regelt, das die vollständige Übernahme einzelner Werke für ein neues wissenschaftliches Werk erlaubt, ist für die Schule vor allem § 51 Nr. 2 UrhG von Bedeutung. Dieses sogenannte *Kleinzitat* setzt kein wissenschaftliches Werk voraus, sondern lässt es vielmehr ausreichen, dass durch den Schüler ein neues selbstständiges *Sprachwerk* geschaffen wird. Dazu zählt beispielsweise eine schriftliche Hausarbeit. Das Sprachwerk muss jedoch auch *selbstständig* sein. Daran mangelt es beispielsweise dann, wenn in dem neuen Sprachwerk lediglich fremde Zitate aneinandergereiht werden, denn dann liegt keine wesentliche eigene Leistung vor.[127] Auch darf es sich bei dem neuen Sprachwerk nicht nur um eine Bearbeitung oder sonstige Umgestaltung des zitierten Werks handeln.

Übernommen bzw. vervielfältigt werden dürfen im Rahmen des Kleinzitats nicht das vollständige fremde Werk, sondern lediglich *Stellen,* d. h. kleine Ausschnitte. Dabei gilt weder eine Beschränkung auf ein oder zwei Kernsätze noch gibt es eine Regel, dass das Zitat nicht länger als eine

DIN-A4-Seite sein darf. Entscheidend für den zulässigen Umfang ist immer das Verhältnis zwischen dem beabsichtigten Zitat und dem Gesamtumfang des zitierten Werkes.[128] Ausnahmsweise dürfen auch längere Passagen übernommen werden, nämlich dann, wenn sich die Bedeutung mit dem kleinen Ausschnitt nur unvollkommen belegen oder veranschaulichen ließe.[129] Das ist insbesondere bei Zeichnungen, Grafiken und Karikaturen der Fall.

Darüber hinaus muss das Zitat einen bestimmten *Zweck* verfolgen. Es ist grundsätzlich nur zulässig, wenn es als Belegstelle oder Erörterungsgrundlage für selbstständige Ausführungen des Zitierenden dient und eine innere Verbindung zu den eigenen Gedanken aufweist.[130] Daran fehlt es, wenn das Zitat nur der Ausschmückung dient oder es lediglich ein Blickfang sein soll (z. B. ein Bild auf der Titelseite ohne näheren Bezug zur Arbeit[131]).

Schließlich muss das Zitat *angeführt* werden. Es ist also erforderlich, dass die übernommene Stelle kenntlich gemacht wird, denn sonst kann es dem Zitatzweck nicht dienen. Entsprechend der amtlichen Regelung der deutschen Rechtschreibung von 2006 werden wörtlich wiedergegebene Textstellen mit Anführungszeichen kenntlich gemacht.

10.3.2 Zitate in Musikwerken

PRAXIS BEISPIEL

Die Schulband möchte für die bevorstehende Abiturfeier zwei Stücke einüben. Bei dem ersten Lied handelt es sich um eine Variation des bekannten Stücks „We are the champions" der Rockgruppe Queen, zu dem sie einen neuen Text dichten will. Das zweite Stück besteht überwiegend aus eigener Feder, allerdings sollen auch bekannte Melodien aus den aktuellen Charts eingebaut werden. Dürfen die Schüler das, ohne zuvor die Rechteinhaber zu fragen?

Grundsätzlich existiert ein sogenannter *starrer Melodienschutz,* d. h., eine fremde Melodie darf grundsätzlich nie für ein eigenes Werk verwendet werden. Solche Variationen sowie sonstige Remixe dürfen nur mit der Erlaubnis des Urhebers aufgeführt werden.

Zulässig ist es jedoch, einzelne Stellen eines erschienenen Musikwerkes in ein neues Musikwerk einzubinden, um dadurch beim Zuhörer eine bestimmte Assoziation hervorzurufen. So kann das fremde Werk beispielsweise dazu dienen, Inhalte des eigenen Werks zu illustrieren, Zusammenhänge herzustellen oder gar etwas zu parodieren.[132] Dabei ist jedoch zu beachten, dass nur *einzelne Stellen* aus dem fremden Werk benutzt werden dürfen. Es darf nur so viel übernommen werden, wie zur Erkennbarkeit für den durchschnittlichen Hörer unbedingt erforderlich ist.[133]

In dem Praxisbeispiel dürften die Schüler somit einzelne Passagen der fremden Musikstücke für ihr eigenes Musikstück verwenden.

10.3.3 Zitate in Filmwerken und anderen geschützten Werken

PRAXIS BEISPIEL Lehrerin K betreut an ihrer Schule das Projekt „Kunst und Film". Ihre Schülerinnen und Schüler haben die Idee, einen Film über die Geschichte der Heimatstadt zu drehen, wobei sie dazu auch Filmsequenzen anderer älterer Filme verwenden wollen. K überlegt, ob sie die Urheber der anderen Filme zunächst um Erlaubnis fragen muss.

Nein, muss sie nicht. § 51 Nr. 2 UrhG spricht zwar ausdrücklich nur von selbstständigen Sprachwerken, in denen zitiert werden darf, doch wendet die Rechtsprechung die Zitierfreiheit auch auf alle anderen „Werke" im Sinn von § 2 UrhG an. Daher ist es auch möglich, in einem neuen Filmwerk Zitate zu verwenden (Filmzitat). Diese können ebenfalls aus einem Filmwerk stammen oder aber aus anderen Werken wie Lichtbild- oder Musikwerken. Wichtig ist nur, dass für das Filmzitat die übrigen Voraussetzungen des Kleinzitats beachtet werden.

Hinsichtlich der Frage, was bei einem Filmzitat als *Stelle* bzw. kleiner Ausschnitt anzusehen ist, hat es der BGH als zulässig angesehen, wenn in einer 43-minütigen Dokumentation fremdes Filmmaterial in einem Umfang von fünfeinhalb Minuten übernommen wird.[134]

10.3.4 Änderungsverbot

Zwar gestattet es das UrhG, dass aus einem fremden Werk Stellen zitiert werden können, doch dürfen diese übernommenen Stellen grundsätzlich nicht verändert werden.[135] Insoweit wird der Urheber des Originals in seiner Werkintegrität geschützt. Hiervon gibt es nur einige wenige Ausnahmen:

Zunächst einmal ist es bei schriftlichen Zitaten zulässig, *Wortverschiebungen* vorzunehmen, um den zitierten Satz in ein umfassenderes Satzgefüge einzuflechten.[136] Üblicherweise werden Auslassungen durch [...] gekennzeichnet, Worteinfügungen durch [ergänztes Wort, d. Verf.]. Auch ist es gestattet, statt in direkter Sprache in *indirekter Sprache* zu zitieren.[137] Sollen Werke der bildenden Künste oder Lichtbildwerke zitiert werden, ist es zulässig, sie in eine andere *Größe* zu übertragen oder sie mit solchen Änderungen zu versehen, die das Vervielfältigungsverfahren mit sich bringt (z. B. Vervielfältigung eines farbigen Originals in Schwarz-weiß).[138]

Schließlich sind solche Änderungen am Werktitel und am Werk ohne Zustimmung des Urhebers zulässig, die dieser nach Treu und Glauben nicht versagen darf.[139] Welche das sind, muss im Rahmen einer Interessenabwägung ermittelt werden, wobei die Abwägung eher zu Lasten des Vervielfältigenden geht und somit Änderungen an Kopien die Ausnahme sind. So dürfen beispielsweise literarische Werke überhaupt nicht verändert werden.[140] Demgegenüber wird es als zulässig angesehen, wenn bei Beiträgen aus Zeitungen oder Zeitschriften zumindest *Schreib- und Interpunktionsfehler* korrigiert werden.[141] Bei *Musikwerken* erwartet der Zuhörer wohl nicht, dass die zitierte Stelle exakt dem Original entspricht, weshalb dort Änderungen möglich sind, solange die zitierte Stelle noch als bewusst entlehntes fremdes Werk erkennbar bleibt.[142]

10.3.5 Pflicht zur Quellenangabe

Von großer Bedeutung für ein rechtmäßiges Zitat ist eine korrekte Angabe der Quelle, aus der das zitierte Werk stammt. Dazu zählt neben der genauen *Urheberbezeichnung* auch die genaue *Fundstelle.* Für Einzelheiten wird auf die obigen Ausführungen verwiesen.

10.3.6 Rechtsfolgen bei Nichtbeachtung

Die unzulässige Entlehnung stellt zunächst einmal eine Urheberrechtsverletzung dar, denn es werden ohne Einwilligung des Berechtigten Werke bzw. Teile davon derart vervielfältigt, dass die gesetzlichen Ausnahmevorschriften keine Anwendung mehr finden. In diesem Fall kann der Urheber gem. § 97 UrhG verlangen, dass die Urheberrechtsverletzung *unterlassen* und *beseitigt* wird. Da unzulässige Entlehnungen in der Regel vorsätzlich oder zumindest fahrlässig erfolgen, hat der Berechtigte nach derselben Vorschrift auch einen Anspruch auf *Schadensersatz.*

Übersicht 14
Unerlaubte Verwertung urheberrechtlich geschützter Werke (§ 106 UrhG)

„(1) Wer in anderen als den gesetzlich zugelassenen Fällen ohne Einwilligung des Berechtigten ein Werk oder eine Bearbeitung oder Umgestaltung eines Werkes vervielfältigt, verbreitet oder öffentlich wiedergibt, wird mit Freiheitsstrafe bis zu drei Jahren oder mit Geldstrafe bestraft.
(2) Der Versuch ist strafbar."

Die unzulässige Entlehnung aus einem fremden Werk kann sogar strafrechtliche Konsequenzen haben.[143] Im Gegensatz zu dem weiter oben beschriebenen Unterlassung- und Schadensersatzanspruch setzt jedoch § 106 UrhG voraus, dass der Vervielfältigende *vorsätzlich* gehandelt hat. Er muss also zumindest damit gerechnet bzw. billigend in Kauf genommen haben, die einzelnen Tatbestandsvoraussetzungen zu erfüllen. Hat er hingegen darauf vertraut, dass der Erfolg nicht eintritt, liegt nur Fahrlässigkeit vor, die von § 106 UrhG nicht erfasst wird. Die Tat wird nur auf *Antrag* des Urhebers bzw. Rechteinhabers, von dessen Werk eine unzulässige Vervielfältigung angefertigt wurde, verfolgt, es sei denn, es liegt ein besonderes Interesse an der Strafverfolgung vor.

10.4 Plagiate und Prüfungsrecht

Im Fall einer unzulässigen Übernahme fremder Inhalte kann auch ein *Täuschungsversuch* vorliegen, der im Rahmen der Leistungsbeurteilung hinreichend zu berücksichtigen ist.

Leistungsbeurteilungen – egal ob in den alltäglichen Klassenarbeiten und Klausuren oder den staatlichen Abschlussprüfungen wie der Abiturprüfung – müssen aus rechtlicher Sicht immer bestimmten Anforderungen genügen. Eine Grundvoraussetzung einer zutreffenden Leistungsbewertung ist, dass der Schüler die Leistung persönlich und ohne unzulässige fremde Hilfe erbringt, denn nur „so kann es gerechtfertigt sein, ihm diesen Erfolg in gleicher Weise persönlich zuzurechnen und ihn hinsichtlich der daran geknüpften Bedingungen günstiger zu stellen als andere, weniger erfolgreiche Prüflinge".[144] Im Prüfungsrecht ist der Grundsatz der Chancengleichheit daher von überragender Bedeutung, denn er soll sicherstellen, dass alle Prüflinge dieselben Bedingungen vorfinden. Wenn sich ein Schüler im Rahmen einer Leistungskontrolle einen unzulässigen Vorteil verschafft, fehlt es jedoch an der erforderlichen Chancengleichheit: In diesem Fall täuscht er den Lehrer bzw. Prüfer über seinen wahren Leistungsstand, weshalb es zu einer Besserstellung gegenüber den übrigen, nicht täuschenden Mitschülern, kommen kann.

Wann liegt eine solche Täuschung vor? Zwei Voraussetzungen müssen erfüllt sein[145]:

10.4.1 Täuschungshandlung

In objektiver Hinsicht bedarf es zunächst einmal einer *Täuschungshandlung.* Diese kann qualitativ in zwei unterschiedlichen Spielarten vorliegen: Entweder gibt ein Prüfling vor, eine eigenständige Prüfungsleistung erbracht zu haben (während er z. B. von seinem Sitznachbarn abgeschrieben hat) oder der Prüfling erweckt den Anschein, dass er seine Leistung auf reguläre Art und Weise ausschließlich mit den zugelassenen Hilfsmitteln erbracht hat (aber z. B. tatsächlich einen Spickzettel nutzte).

In zeitlicher Perspektive kann diese Handlung bereits vollendet sein (z. B. wenn der Lehrerin Ungereimtheiten erst im Rahmen der Korrektur auffallen) oder noch im Versuchsstadium stecken (wenn z. B. jemand „auf frischer Tat" beim Schummeln ertappt wird). Beide zeitlichen Komponenten – Vollendung oder Versuch – sind für das Vorliegen einer Täuschungshandlung grundsätzlich gleichwertig und spielen nur für das „Strafmaß" eine Rolle. Reine Vorbereitungshandlungen, wie das Erstellen eines Spickzettels vor dem Unterricht, reichen demgegenüber nicht aus.

- Bei *Klassenarbeiten, Klausuren oder mündlichen Prüfungen* ist die Schwelle zum „Jetzt-geht-es-los" bzw. das Versuchsstadium spätestens dann erreicht, wenn der Schüler den Prüfungsraum mit einem unzulässigen Hilfsmittel betritt.[146] Welche Hilfsmittel zulässig sind, entscheidet vor Klausurbeginn die Lehrkraft. Es ist grundsätzlich unerheblich, ob die Vorteilsverschaffung auch tatsächlich gelingt, weil vielleicht die Lehrkraft noch vor Benutzung des Hilfsmittels den Spickzettel unter dem Tisch beim Schüler entdeckt. Auch spielt es keine Rolle, dass das mitgeführte Hilfsmittel gar nicht dazu geeignet ist, die Bearbeitung der Prüfungsaufgabe zu erleichtern, weil z. B. der Spickzettel sachlich falsche Informationen enthält. Es ist lediglich erforderlich, dass ein thematischer Zusammenhang zwischen dem Gegenstand der Klassenarbeit bzw. Klausur und dem Hilfsmittel besteht und das Hilfsmittel somit generell zur Täuschung geeignet ist.
- Im Rahmen von *schriftlichen Ausarbeitungen* wie Facharbeiten wird die Täuschungshandlung regelmäßig darin liegen, dass der Schüler etwas in unzulässiger Weise aus einem fremden Werk entnimmt – oder urheberrechtlich genauer gesprochen: Er zitiert in seiner Arbeit ein fremdes Werk, ohne die oben beschriebenen Anforderungen des § 51 UrhG zu beachten. In diesem Fall kommt es darauf an, ob *wesentliche Teile* von einer fremden Person ohne Kenntlichmachung übernommen wurden, es darf sich nicht lediglich um einen völlig unbedeutenden Umfang und damit um einen Bagatellverstoß handeln. Sehr instruktiv schreibt dazu der VGH München, der über das Abschreiben aus einer bei Schülern beliebten Internetquelle im Rahmen einer Facharbeit zu entscheiden hatte: „Stammen indes wesentliche Teile der zur Bewertung gestellten Leistung nicht vom Prüfling selbst, sondern von einer anderen Person und macht der Prüfling dies nicht kenntlich, so liegt eine Täuschung (Unterschleif) vor […]. Dies gilt grundsätzlich auch für die […] zu fertigende Facharbeit. Allerdings gehört die Verwertung von Literatur zum Wesen einer derartigen wissenschaftlichen Arbeit und ist bei der Anfertigung einer Facharbeit daher ein zulässiges Hilfsmittel. Sie ist jedoch dann unerlaubt, wenn der Schüler die von ihm verwertete Literatur nicht angibt oder gar fremde Texte wörtlich übernimmt, ohne kenntlich zu machen, dass es sich um ein Zitat handelt."[147]

Handelt es sich hingegen nur um einige wenige Textstellen, die im Vergleich zum Gesamtumfang weder von nennenswertem Umfang noch inhaltlich von Bedeutung sind, ist nur von einer Unvollständigkeit des wissenschaftlichen Apparats auszugehen, was in der Notenfindung angemessen zu berücksichtigen ist. Eine Täuschung liegt dann nicht vor. Damit stellt sich zwangsläufig die Frage, wann die Grenze des nicht nennenswerten bzw. geringfügigen Umfangs überschritten ist. Mit dem VG Berlin wird man davon ausgehen können, dass dies spätestens bei Übernahmen in einem Umfang von 11 Prozent des Gesamtumfangs der Fall ist.[148]

Der Vollständigkeit halber soll noch auf einige Problemfälle eingegangen werden, die im Zusammenhang mit dem Kenntlichmachen fremder Gedanken und der damit verbundenen Verpflichtung zur Quellenangabe auftreten können: So berufen sich beispielsweise einige Schüler bzw. Prüflinge darauf, dass sie zwar in ihrem Text die fremden Gedanken nicht kenntlich gemacht hätten, dafür aber doch die Quelle im Literaturverzeichnis angeführt sei und deshalb schon gar keine Täuschungshandlung vorliegen könne. Dem steht jedoch entgegen, dass die Pflicht zum genauen Zitieren den Prüfern vor allem verdeutlichen soll, welche Stellen der Arbeit nicht auf eigenen Gedanken beruhen. Ob die Quelle von den Prüfern leicht ausfindig gemacht werden kann oder ihnen ohne Weiteres zugänglich ist, ist daher unerheblich.[149]

Aus dem gleichen Grund kann sich ein Schüler auch nicht darauf berufen, dass die Quelle doch in einer Fußnote an anderer Stelle in einem anderen sachlichen Zusammenhang zitiert wurde, denn auch in diesem Fall wird für den Prüfer nicht deutlich, welche Gedanken der Schüler von einer fremden Person übernommen hat und an welchen Stellen dies geschehen ist.[150] Auch kann sich ein Schüler nicht darauf berufen, dass er doch unter Abbildungen, die in dem Text eingefügt worden sind, eine Quelle angeführt habe und diese sich auch auf den Text beziehe. Ein solcher Nachweis reicht jedoch nicht aus, da die unter einer Abbildung angebrachte Quellenangabe ohne besondere Hinweise nur so verstanden werden kann, dass sie sich ausschließlich auf die Abbildung und nicht auch auf den Text bezieht.[151]

Bei *sonstigen Leistungsbeurteilungen* (z. B. über das zuhause angefertigte Bild für den Kunstunterricht) kann die unzulässige Vorteilsverschaffung auch darin liegen, dass eine andere Person entweder erheblich an der Fertigstellung mitwirkt oder – im Extremfall – das Werk allein ohne Zutun des Schülers herstellt.

10.4.2 Vorsatz bezüglich der Täuschungshandlung

In *subjektiver Hinsicht* ist erforderlich, dass der Schüler die maßgeblichen Umstände kennt. Er muss wissen, dass er ein unzulässiges Hilfsmittel mit sich führt bzw. einsetzt und er muss (zumindest) billigend in Kauf nehmen, dass die Lehrkraft bzw. Prüfende die Übernahme der fremden Inhalte nicht bemerkt und die Arbeit als eigenständige Leistung des Schülers bewertet. Fahrlässiges Verhalten des Schülers reicht nicht aus.

Übersicht 15
Voraussetzungen für das Vorliegen einer Täuschung

Täuschungshandlung (objektives Kriterium):
1. Vorspiegelung einer eigenen Prüfungsleistung (z. B. Abschreiben)
2. Vorspiegelung einer regulär erbrachten Prüfungsleistung, für die nur die zugelassenen Hilfsmittel verwendet wurden (z. B. Spickzettel)

Wichtig: Der Prüfling muss mit seiner Täuschungshandlung mindestens die Schwelle zum „Jetzt-geht-es-los“ überschritten haben und in das Versuchsstadium eingetreten sein.

Kenntnis von den Umständen (subjektives Kriterium)
Der Schüler muss wissen, dass er ein unzulässiges Hilfsmittel mit sich führt bzw. einsetzt und er muss (zumindest) billigend in Kauf nehmen, dass die Lehrkraft bzw. Prüfende die Übernahme der fremden Inhalte nicht bemerkt und die Arbeit als eigenständige Leistung bewertet.

10.4.3 Beweislast und „Beweis des ersten Anscheins“

PRAXIS BEISPIEL

Schüler A schreibt seine Abiturprüfungen. Bei der Korrektur seiner schriftlichen Arbeiten in den Fächern Biologie und Sozialkunde fällt den Lehrkräften auf, dass es eine Vielzahl von textlichen Übereinstimmungen mit den Erwartungshorizonten gibt. In beiden Klausuren werden zudem schüleruntypische Fachbegriffe benutzt, sogar Fehler aus den Erwartungshorizonten sind enthalten. Der Vater von A ist einer der beiden hauptverantwortlichen Sachbearbeiter für die Auswahl der Prüfungsaufgaben im zuständigen Ministerium. Über mehrere Wochen hatte er ungehinderten und unbeobachteten Zugang zu den Abituraufgaben einschließlich der Erwartungshorizonte (nach *VG Mainz*, Beschl. v. 8. 10. 2014 – 6 L 925/14.MZ = juris).

Die Beweislast für das Vorliegen einer Täuschung trägt grundsätzlich die Schule, d. h., sie muss beweisen, dass sich der Schüler wissentlich einen unzulässigen Vorteil verschaffen wollte bzw. verschafft hat. Erforderlich ist insoweit eine *hinreichende Gewissheit* für das Vorliegen der objektiven und subjektiven Voraussetzungen.

Von dem Erfordernis der hinreichenden Gewissheit gibt es allerdings eine wichtige Ausnahme: Drängt sich aufgrund der festgestellten Tatsachen bei verständiger Würdigung der Schluss auf, dass der Prüfungsteilnehmer getäuscht haben muss und ein abweichender Geschehensablauf nicht ernsthaft in Betracht kommt, dann dreht sich die Beweislast um (sogenannter *Beweis des ersten Anscheins*). In diesem Fall muss der Schüler beweisen, dass er nicht getäuscht hat. Es reicht nicht aus, dass er nur die Denkmöglichkeit eines dem Anschein nicht entsprechenden Ablaufs aufzeigt. Vielmehr muss er nachvollziehbar und in sich stimmig die Tatsachen schildern und gegebenenfalls beweisen, aus denen sich die ernsthafte Möglichkeit eines vom Regelfall abweichenden, atypischen Sachverhalts ergibt. Gelingt ihm dies, dann liegt die volle Beweislast wieder bei der Schule.[152]

Ein Anscheinsbeweis liegt beispielsweise vor, wenn der Schüler in der Prüfung ein unzulässiges Hilfsmittel mitführt.[153] Auch spricht der erste Anschein für eine Täuschung, wenn zwei Arbeiten in Inhalt und Form nicht mehr nur punktuelle Gemeinsamkeiten aufweisen und dieses nicht mehr ein zufälliges Ergebnis sein kann. Allerdings darf in diesem Fall nicht automatisch vermutet werden, dass die Täuschung von dem schwächeren Schüler ausgeht.[154]

Im obigen Beispielsfall ist das VG Mainz nach den Regeln des Anscheinsbeweises vom Vorliegen einer Täuschung ausgegangen. Zu den anschließenden Bemühungen des Schülers, sich vom Täuschungsvorwurf zu entlasten, führt das Gericht aus: „Auch der Einwand der Antragstellerin, sie habe intensiv zu Hause gelernt und sich gemeinsam mit ihrem Vater auf die Prüfung vorbereitet, begründet nicht die ernsthafte Möglichkeit eines von der Annahme einer Täuschungshandlung abweichenden Verlaufs. Denn selbst wenn die Antragstellerin sich auf die von ihr beschriebene Art und Weise auf die Abiturprüfung vorbereitet haben sollte, erklärt dies nicht einmal ansatzweise die Vielzahl der unstreitig vorhandenen Übereinstimmungen zwischen ihren Arbeiten und den Erwartungshorizonten, etwa in der Formulierung, in der Verwendung von Fachbegriffen oder in der Nennung in Betracht kommender Lösungsmöglichkeiten […]. Diese lassen sich nachvollziehbar nur damit erklären, dass die Antragstellerin Kenntnis vom Inhalt der Erwartungshorizonte hatte. Schließlich vermag auch die Aussage der Antragstellerin, keine Täuschungshandlung begangen zu haben und sich die Übereinstimmungen nicht erklären zu können, keinen von der Annahme einer Täuschungshandlung abweichenden Lebenssachverhalt ernsthaft zu begründen."[155]

10.4.4 Beispiele für Täuschungen in Klausuren und Leistungsbeurteilungen

In der folgenden Übersicht wurde versucht, einige interessante Entscheidungen zusammenzutragen, bei denen es um den Vorwurf einer Täuschung in Schule und Studium ging:

Übersicht 16
Entscheidungssammlung zu Täuschungen in Schule und Studium

Schriftliche (Abitur-)Prüfungen

- Erstellung einer Abiturarbeit in Kenntnis des Erwartungshorizonts ist ein schwerer Fall der Täuschungshandlung. (*VG Mainz,* Beschl. v. 8. 10. 2014 – 6 L 925/14. MZ = juris)
- Mitführen von zwei „Spickzetteln" in Federmäppchen stellt unzulässige Täuschung dar. (*BayVGH,* Beschl. v. 11. 3. 2008 – 7 ZB 07.612 = juris)
- Wörtliche Wiedergabe auswendig gelernter Texte aus einem „Abiturtrainer" ist in einer schriftlichen Abiturprüfung nicht als Täuschung zu werten, sondern als schlichte Reproduktionsleistung aus dem Anforderungsbereich I. (*OVG Rheinland-Pfalz,* Urt. v. 4. 12. 1998 – 2 A 11233/98 = SPE 546, Nr. 21)
- Markierungen und Hervorhebungen in grundsätzlich zugelassenen Hilfsmitteln (hier: Gesetzestext), die nicht mehr nur die Funktion einer reinen Lesehilfe haben, sind unzulässig. (*VG Mainz,* Urt. v. 11. 12. 2002 – 7 K 502/02 = NJW 2003, S. 1545)

Schriftliche Ausarbeitung / Facharbeit

- Fehlende Kenntlichmachung verwendeter Literatur in schriftlicher Hausarbeit (*OVG Münster,* Urt. v. 12. 7. 1983 – 15 B 1097/83 = NJW 1983, S. 2278)
- Wörtliche Übernahme eines fremden Textes „über weite Strecken", ohne kenntlich zu machen, dass es sich um ein Zitat handelt (*Hess. VGH,* Beschl. v. 20. 6. 1989 – 6 UE 2779/88 = DVBl. 1989, S. 1277)
- Übernahme fremder Textpassagen in einem Umfang von 11 Prozent (*VG Berlin,* Urt. v. 15. 4. 2009 – 12 A 319.08 = juris)
- Übereinstimmung einer Abiturfacharbeit mit einer Internetquelle zu rund 95 Prozent stellt einen besonders schweren Täuschungsversuch dar. (*VG München,* Beschl. v. 22. 4. 2008 – M 3 E 08.1703 = juris)
- Übernahme von rund 50 Prozent eines von einem anderen hergestellten Modells, ohne die fremde Urheberschaft kenntlich zu machen (*VG München,* Beschl. v. 4. 5. 2009 – M 3 09.1776 = juris)
- Erbringen eines wesentlichen Teils einer schriftlichen Ausarbeitung durch den Vater (*BayVGH,* Beschl. v. 17. 11. 2000 – 7 ZE 00.2885 = juris)
- Anfertigenlassen einer schriftlichen Hausarbeit durch einen „Ghostwriter" (*VG Köln,* Urt. v. 15. 12. 2005 – 6 K 6285.04 = WissR 2006, S. 176)

10.4.5 Folgen für die Leistungsbeurteilung

Welche Folgen eine Täuschung für die Leistungsbeurteilung hat, hängt von der Art der Leistungskontrolle ab: Für die *staatlichen Abschlussprüfungen* wie das Abitur geben die jeweiligen Rechtsvorschriften erste Hinweise. So schreibt beispielsweise das Bremische Schulgesetz[156]:

Übersicht 17: § 40 BremSchulG (Täuschung und Behinderung)
„(4) Versucht ein Prüfling, das Ergebnis der Prüfung durch Täuschung zu beeinflussen, ist die gesamte Prüfung für nicht bestanden zu erklären. In leichteren Fällen ist die betroffene Teilleistung für nicht bestanden zu erklären."

Keine ausdrücklichen Regelungen enthalten die meisten Landesvorschriften zu den Täuschungen in allen *anderen Leistungskontrollen,* die die Schüler im Schulalltag erbringen müssen. Als mögliche Konsequenz käme in Betracht, die gesamte Leistungskontrolle mit der Note „ungenügend" zu bewerten, dieses lediglich auf die entsprechende Teilaufgabe zu beschränken oder von dem Schüler eine völlig neue Lernkontrolle anfertigen zu lassen. Zumindest die letzte Variante kann und darf nicht die Konsequenz einer Täuschung sein. Zum einen wäre es denkbar, dass dem täuschenden Schüler die neue Leistungskontrolle besser liegt als die alte. Dann würde ihm durch die Täuschung sogar ein Vorteil verschafft werden, den alle anderen redlichen Schüler nicht haben. Zum anderen spricht gegen eine Wiederholung, dass Leistungskontrollen dadurch für den Schüler zum „risikolosen Geschäft"[157] werden: „Man kann es ja mal versuchen, und wenn es nicht klappt, habe ich ja noch eine zweite Chance!"

Auch eine Beschränkung der Note „ungenügend" auf die jeweilige Teilaufgabe ist problematisch. Einerseits kann nicht sichergestellt werden, dass der Schüler nicht auch schon bei den anderen Teilaufgaben getäuscht hat (die aufgedeckte Täuschung spricht wohl eher dafür!). Andererseits wäre es problematisch, diejenigen Fälle angemessen zu sanktionieren, bei denen es noch zu keiner „vollendeten Tat" gekommen ist, sondern der Schüler im Rahmen des Versuchs entdeckt wird: Will man bei diesem eigentlich leichteren Fall eine beliebige Teilaufgabe auswählen und entsprechend beurteilen? Überzeugender ist es daher wohl, jede Täuschungshandlung – vom Versuch bis zur arglistigen Vorteilsverschaffung – derart zu ahnden, dass die gesamte Leistungskontrolle mit der Note „ungenügend" beurteilt wird.

10.5 Plagiate und schulische Ordnungsmaßnahmen

Bei einer Täuschung sprechen gute Gründe dafür, darauf auch mit einer Ordnungsmaßnahme zu reagieren. Täuschungen stellen ein erhebliches *Fehlverhalten* des Schülers dar, denn durch sie werden Rechtsvorschriften verletzt. Das können wie beim rechtswidrigen Zitieren in schriftlichen Ausarbeitungen Normen des Urheberrechts sein oder aber auch schulgesetzliche Vorschriften, die Täuschungen verbieten.

Anmerkungen

Fußnoten

1 Hoegg (2010), S. 28.

2 Ein erster informativer Überblick findet sich beispielsweise bei Kerres (2018).

3 Vgl. Lettl (2018), S. 46.

4 Vgl. Lettl (2018), S. 211.

5 §§ 64, 65 und 69 UrhG.

6 Dreier & Schulze (2018), S. 1354 (RdNr. 3).

7 Zu den Ausnahmen vgl. § 72 Abs. 3 UrhG.

8 Vgl. Lettl (2018), S. 91.

9 Vgl. Lettl (2018), S. 110.

10 Vgl. Dreier & Schulze (2018), S. 262 (RdNr. 5); Lettl (2018), S. 93.

11 Vgl. BGH, Urt. v. 7. 2. 2002 – I ZR 304/99 – *Unikatrahmen* = GRUR 2002, S. 532 (S. 534).

12 Auf diese Rechte und weitere Rechte des Urhebers bzw. Nutzungsberechtigten soll hier nicht weiter eingegangen werden.

13 BGH, Urt. v. 12. 5. 2010 – I ZR 209/07 – *Lärmschutzwand* = GRUR 2011, S. 59.

14 Vgl. § 69b UrhG.

15 Vgl. BT-Drs. IV/270, S. 63 links oben.

16 Vgl. hierzu BVerfG, Urt. v. 7. 7. 1971 – 1 BvR 765/66 – *Kirchen- und Schulgebrauch* = BVerfGE 31, S. 229 (S. 238 ff.).

17 Zum Wandel des Urheberrechts Flechsig (2018).

18 Zum neuen UrhWissG z. B. Wandtke (2018).

19 Vgl. Deutscher Bundestag (2017), Drucksache 18/12329, S. 2.

20 Wagner (2017), S. 216.

21 Vgl. grundsätzlich zur Abgrenzung von freier und unfreier Benutzung Rehbinder & Peukert (2018), S. 144 ff.

22 Rehbinder & Peukert (2018), S. 144.

23 BGH, Urt. v. 26. 3. 1971 – I ZR 77/69 – *Disney-Parodie* = GRUR 1971, S. 588 (S. 589); Urt. v. 29. 4. 1999 – I ZR 65/96 – *Laras Tochter* = ZUM 1999, S. 647; Urt. v. 11. 3. 1993 – I ZR 264/91 – *Asterix-Persiflagen* = GRUR 1993, S. 537; Urt. v. 20. 3. 2003 – I ZR 117/00 = BGHZ 154, S. 260 – *Gies-Adler* = BGHZ 154, S. 260; Rehbinder & Peukert (2018), S. 145.

24 Erdmann (2002), S. 20 m. w. N.

25 So das LG Hamburg für eine Lesewerkstatt zum Harry-Potter-Roman, in der jedes Kapitel des Buches kurz zusammengefasst wurde (Urt. v. 12.12.2003 – 308 O 57/03 – *Lernwerkstatt Grundschule* = GRUR-RR 2004, S. 65).

26 BGH, Urt. v. 11.3.1993 – I ZR 264/91 – *Asterix-Persiflagen* = GRUR 1994, S. 191; BGH, Urt. v. 27.2.1981 – I ZR 20/79 = GRUR 1981, S. 520.

27 Vgl. § 24 Abs. 2 UrhG.

28 BGH, Urt. 17.7.2013 – I ZR 52/12 – *Pippi Langstrumpf* = ZUM 2014, S. 234; Rehbinder & Peukert (2018), S. 145.

29 Knupfer (2010), S. 479.

30 Vgl. nur Dreier & Schulze (2018), S. 1013 (RdNr. 4) mit Verweisen auf Rechtsprechung und Literatur.

31 So aber Knupfer (2010), S. 479.

32 So wohl auch das LG München I, Urt. v. 19.1.2005 – 21 O 312/05 – *Karl Valentin* = ZUM 2005, S. 407.

33 Ahlberg & Götting (2018), § 60a, RdNr. 12.

34 BT-Drs. 18/12329, S. 35.

35 In diese Richtung auch Dreier & Schulze (2018), S. 1131 (RdNr. 18).

36 BGH, Urt. v. 28.11.2013 – I ZR 76/12 – *Meilensteine der Psychologie* = ZUM 2014, S. 524.

37 Für eine restriktive Auslegung plädieren auch Fromm & Nordemann (2018), S. 1319 f. (RdNr. 4).

38 Dreier & Schulze (2018), S. 1128 (RdNr. 9).

39 Dreier & Schulze (2018), S. 1128 f. (RdNr. 10).

40 BT-Drs. 18/12329, S. 39.

41 BT-Drs. 16/5939, S. 45.

42 BT-Drs. 10/837, S. 17.

43 Dreier & Schulze (2018), S. 331 f. (RdNr. 7).

44 Dreier & Schulze (2018), S. 1200 (RdNr. 1).

45 Wandtke & Bullinger (2014), S. 957 (RdNr. 15).

46 Dieses Recht wurde erst durch den sogenannten „2. Korb“ im Jahr 2003 in das UrhG eingefügt. Es soll den Fortschritten im Bereich des Internets Rechnung tragen und verhindern, dass geschützte Werke ohne Weiteres in das Internet oder andere Netzwerke hochgeladen werden, um sie der Öffentlichkeit wahrnehmbar zu machen.

47 Dreier & Schulze (2018), S. 391 f. (RdNr. 6).

48 Vgl. Abschnitt 9.5.

49 Dreier & Schulze (2018), S. 1128 (RdNr. 10).

50 Vgl. § 60a Abs. 3 Nr. 2 UrhG.
51 § 63 Abs. 2 S. 2 UrhG.
52 Vgl. Deutscher Bundestag (2017), S. 39.
53 So auch Dreier & Schulze (2018), S. 1130 (RdNr. 15).
54 BGH, Urt. v. 28. 11. 2013 – I ZR 76/12 – *Meilensteine der Psychologie* = ZUM 2014, S. 524.
55 Vgl. statt vieler Ohly (2018), S. 996.
56 Vgl. nur Rademacher (2013), S. 717 ff. mit zahlreichen Nachweisen und Rademacher (2014a), S. 165 f. Anderer Ansicht ist aber beispielsweise Bernuth (2014), S. 29.
57 BGH, Urt. v. 7. 6. 1984 – I ZR 57/82 = GRUR 1984, S. 734 (S. 735); BGH Urt. v. 26. 6. 1986 – I ZR 5/84 = juris.
58 Vgl. Art. 3 Abs. 1 der Richtlinie 2001/29/EG zur Harmonisierung bestimmter Aspekte des Urheberrechts und der verwandten Schutzrechte in der Informationsgesellschaft und andere Richtlinien.
59 Vgl. z. B. EuGH, Urt. v. 15. 3. 2012 – C-135/10 – SCF = GRUR 2012, S. 593. Ein gelungener Überblick zum Öffentlichkeitsbegriff des EuGH findet sich bei Handig, ZUM 2013, S. 273.
60 EuGH, Urt. v. 15. 3. 2012 – C-135/10 – *SCF* = GRUR 2012, S. 593. Etwas anderes gilt hingegen für die Gäste eines Hotels, EuGH GRUR 2007, 225 – SGAE.
61 EuGH, Urt. v. 26. 4. 2017 – C-527/15 – *Stichting/Brein* = GRUR 2017, S. 610 (RdNr. 32 und 44).
62 Haupt (2006), S. 24. Die von Haupt angeführten Entscheidungen des VGH Mannheim sind kaum geeignet, auf die vorliegende Frage übertragen zu werden.
63 So auch Bender (1985), S. 489; Hasselbrink (1996), S. 95; Neumann (1994), S. 94.
64 So auch Neumann (1994), S. 93.
65 Mit diesen Erwägungen hat der BGH die Öffentlichkeit beispielsweise in einem Jugendheim bejaht, vgl. BGH, Urt. v. 26. 6. 1986 – I ZR 5/84 = BeckRS 31066872.
66 Vgl. nur Rademacher (2014b), S. 668 ff.
67 Rademacher (2014b), S. 668 ff.
68 EuGH, Urt. v. 26. 4. 2017 – C-527/15 – *Stichting/Brein* = GRUR 2017, S. 610 (RdNr. 69).
69 Vgl. beispielsweise Dreier & Schulze (2018), S. 971 f. (RdNr. 8); Spindler & Schuster (2015), § 44a UrhG (RdNr. 11); Wandtke & von Gerlach (2013); Busch (2011). Die Rechtsprechung hat teilweise eben-

falls zwischen offensichtlich und bloß rechtswidrigen Inhalten unterschieden, vgl. LG Köln, Beschl. v. 24.1.2014 – 209 O 188/13 u.a. – *The Archive* = GRUR-RR 2014, S. 114.

70 EuGH, GRUR 2017, S. 610 (RdNr. 60 f.) – *Stichting/Brein* mit Verweis auf die maßgeblichen Voraussetzungen des Art. 5 Abs. 1 InfoSoc-RL.

71 Fromm & Nordemann (2018), S. 1160 (RdNr. 24).

72 Wandtke & Bullinger (2014), S. 737 (RdNr. 5).

73 Dreier & Schulze (2018), S. 998 (RdNr. 4).

74 Leuze (2008), S. 179 (RdNr. 14); Schricker & Loewenheim (2010), S. 970 (RdNr. 10).

75 https://www.bildungsserver.de/Angebote-von-Rundfunkanstalten-2909-de.html#Schulfernsehen (letzter Zugriff: 30.12.2018).

76 Deutscher Bundestag (2017), S. 40.

77 So auch Neumann (1994), S. 96.

78 Vgl. Bender (1985), S. 492; Neumann (1994), S. 96.

79 § 24 Abs. 2 UrhG.

80 BGH, Urt. v. 3.2.1988 – I ZR 143/86 – *Fantasy* = GRUR 1988, S. 810 (S. 812).

81 Dreier & Schulze (2018), S. 473 (RdNr. 47).

82 Vgl. nur Dreier & Schulze (2018), S. 381 f. (RdNr. 10).

83 OLG Köln, Beschl. v. 8.10.2018 - 15 U 110/18 = juris.

84 In diese Richtung wohl auch Klein (2017), wenn er davon ausgeht, dass die Tathandlungen des KUG vollständig in dem Kriterium der Verarbeitung der DSGVO aufgehen.

85 Vgl. Lauber-Rönsberg & Hartlaub (2017).

86 Zwar soll Art. 6 Abs. 1 lit. f DSGVO dann nicht anwendbar sein, wenn ein Hoheitsträger (d.h. auch eine Schule) personenbezogene Daten verarbeitet (vgl. Erwägungsgrund 47 DSGVO). Allerdings geht es vorliegend nicht um eine Verarbeitung, die eine Behörde (bzw. die Schule) gerade zur Erfüllung ihrer Aufgaben vornimmt, weshalb gegen die Anwendbarkeit nichts sprechen sollte.

87 OLG Köln, Beschl. v. 8.10.2018 – 15 U 110/18 = juris

88 BGH, Urt. v. 8.4.2014 – VI ZR 197/13 = GRUR 2014, S. 804.

89 Vgl. Libertus (2007), S. 626.

90 EGMR, Urt. v. 24.6.2004 – No. 59320/00 – *Caroline von Hannover* = GRUR 2004, S. 1051 (RdNr. 60).

91 Vgl. erneut OLG Köln, Beschl. v. 8.10.2018 – 15 U 110/18 = juris.

92 LG München I, Urt. v. 21.7.2005 – 7 O 4742/05 = dejure.org.

93 Dreyer u.a. (2018), S. 1654 (RdNr. 45).

94 Wandtke & Bullinger (2014), S. 2103 (RdNr. 29).
95 Vgl. Erwägungsgrund 62 DSGVO.
96 Vgl. Erwägungsgrund 39 S. 3 f. DSGVO.
97 Vgl. Erwägungsgrund 39 S. 8 und 10 DSGVO
98 Erwägungsgrund 32 S. 2 ff. DSGVO.
99 Art. 25 Abs. 1 DSGVO.
100 Vgl. § 18 BlnDSG.
101 Vgl. § 15 Abs. 1 LDSG BW.
102 Vgl. § 88 Abs. 1 NBG.
103 Vgl. § 18 Abs. 1 DSG NRW.
104 BVerwG, Beschl. v. 12.03.2008 – BVerwG 2 B 131.07 = juris.
105 Erl. d. MK v. 26.3.2007 – 13-05 410/1-1 – Aushang von Stundenplänen in der Schule bzw. Veröffentlichung im Internet.
106 Vgl. eben dort.
107 Vgl. hierzu § 105 BGB (Nichtigkeit der Willenserklärung).
108 Vgl. auch OLG Celle, Beschl. v. 9.11.2015 – 13 U 95/15 = MMR 2016, S. 336.
109 Vgl. erneut OLG Celle, Beschl. v. 9.11.2015 – 13 U 95/15 = MMR 2016, S. 336.
110 BGH, Urt. v. 17.7.2003 – I ZR 259/00 – *Paperboy* = ZUM 2003, S. 855; dagegen LG Köln, 2.5.2001 – 28 O 141/01 = MMR 2001; S. 559.
111 EuGH, Urt. v. 13.2.2014 – C-466/12 – *Svensson* = ZUM 2014, S. 289.
112 EuGH, Urt. v. 8.9.2016 – C-160/15 – *GS Media* = ZUM 2016, S. 975.
113 BGH, Urt. v. 18.6.2015 – I ZR 74/14 – *Haftung für Hyperlink* = ZUM 2016, S. 437.
114 So bereits das in diesem Zusammenhang zitierte Urteil des LG Hamburg, Urt. v. 12.05.1998 – 312 O 85/98 = NJW 1998, S. 3650; OLG Schleswig, Urt. v. 19.12.2000 – 6 U 51/00 = JurPC Web-Dok. 74/2001.
115 BGH, Urt. v. 9.7.2015 – I ZR 46/12 – *Die Realität II* = ZUM 2016, S. 365.
116 EuGH, Beschl. v. 21.10.2014 – C-348/13 – *Best Water International* = GRUR 2014, S. 1196.
117 Vgl. OLG Düsseldorf, Urt. v. 4.11.2008 – 20 U 125/08 = MMR 2009, S. 266; OLG Hamburg, Beschl. v. 20.11.2002 – 5 W 80/02 = GRUR-RR 2003, S. 92.
118 BGH, Urt. v. 20.7.2006 – I ZR 228/03 = NJW 2006, S. 3633. Sind die Angaben über zwei Links erreichbar, müssen die Links eindeutig sein und dürfen nicht unübersichtlich auf der Internetseite platziert sein.

119 EuGH, Urt. v. 6.5.2018 – C-210/16 = NJW 2018, S. 2537.
120 Vgl. zum Ursprung der Bezeichnung z. B. Kastner (1983), S. 1151.
121 BGH, Urt. v. 12.1.1960 – I ZR 30/58 – *Plagiatsvorwurf I* = GRUR 1960, S. 500 (S. 503).
122 Rieble (2010).
123 Vgl. VG München, Urt. v. 22.4.2008 – M 3 E 08.1703 = juris.
124 Vgl. VG Köln, Urt. v. 15.12.2005 – 6 K 6285/04 = WissR 2006, S. 176.
125 Sattler (2007).
126 Sattler (2007), S. 148 f.
127 BGH, Urt. v. 30.6.1994 – I ZR 32/92 – *Museumskatalog* = GRUR 1994, S. 800 (S. 803).
128 Wandtke & Bullinger (2014), S. 811 f. (RdNr. 14).
129 Wandtke & Bullinger (2014), S. 812 (RdNr. 15).
130 BGH, Urt. v. 20.12.2007 – I ZR 42/05 – *TV-Total* = ZUM 2003, S. 77 (S. 78).
131 LG München I, Urt. v. 25.4.2002 – 7 O 16110/01 = ZUM-RD 2002, S. 489.
132 Vgl. zu diesen Fallgruppen Hertin (1989), S. 162.
133 Dreier & Schulze (2018), S. 1019 (RdNr. 20).
134 BGH, Urt. v. 4.12.1986 – I ZR 189/84 – *Filmzitat* = GRUR 1987, S. 362.
135 Vgl. § 62 UrhG.
136 OLG Hamburg, Urt. v. 5.6.1969 – 3 U 21/69 – *Heintje* = GRUR 1970, S. 38 (S. 39).
137 LG Stuttgart, UFITA 23 (1957), S. 244 (S. 245).
138 § 62 Abs. 3 UrhG.
139 § 62 Abs. 1 S. 2 i. V. m. § 39 Abs. 2 UrhG.
140 BGH, Urt. v. 26.11.1954 – I ZR 266/52 – *Cosima Wagner* = BGHZ 15, S. 249 (S. 257).
141 Wandtke & Bullinger (2014), S. 667 (RdNr. 23).
142 So Hertin (1989), S. 164.
143 Vgl. dazu auch die schon etwas älteren Beiträge von Gravenreuth (1986) und Hildebrandt (2001).
144 Niehues, Fischer & Jeremias (2018), S. 100.
145 Vgl. zum Folgenden Niehues, Fischer & Jeremias (2018), S. 101 ff.
146 BayVGH, Beschl. v. 11.3.2008 – 7 ZB 07.612 = juris; VG Mainz, Urt. v. 11.12.2002 – 7 K 502/02 = NJW 2003, S. 1545.
147 VGH München, Urt. v. 19.8.2004 – 7 CE 04.2058 = NVWZ-RR 2005, S. 254.
148 VG Berlin, Urt. v. 15.4.2009 – 12 A 319.08 = juris.

149 OVG Bremen, Beschl. v. 12.10.2010 – 2 A 170/10 = NVwZ-RR 2011, S. 67.

150 Hess. VGH, Beschl. v. 20.6.1989 – 6 UE 2779/88 = DVBl. 1989, S. 1277.

151 OVG Bremen, Beschl. v. 12.10.2010 – 2 A 170/10 = NVwZ-RR 2011, S. 67.

152 VG Karlsruhe, Urt. v. 24.3.2010 – 7 K 1873/09 = NJW 2010, S. 438.

153 VGH Baden-Württemberg, Beschl. v. 11.7.1995 – 9 S 551/95 = VBlBW 1995, S. 313.

154 So aber VGH Baden-Württemberg, Urt. v. 21.11.1978 – IX 1112/78 = SPE III E II, S. 25.

155 VG Mainz, Beschl. v. 8.10.2014 – 6 L 925/14.MZ = juris.

156 Bremisches Schulgesetz (BremSchulG) vom 28. Juni 2005 in der Fassung vom 17. Juni 2009, online abrufbar unter www.bildung.bremen.de (letzter Zugriff 01.03.2019).

157 So Rieble für eine Täuschung im Promotionsverfahren, bei der das VG Bremen dem Kandidaten die Möglichkeit der Nachbearbeitung gegeben hatte ([2010], S. 13).

Abkürzungen

AfP	Archiv für Presserecht (Zeitschrift)
BayPresseG	Bayerisches Pressegesetz
BayVGH	Bayerischer Verwaltungsgerichtshof
BGH	Bundesgerichtshof
BT-Drs.	Bundestagsdrucksache
BVerfG	Bundesverfassungsgericht
BVerfGE	Entscheidungssammlung des Bundesverfassungsgerichts
CR	Computer & Recht (Zeitschrift)
DÖV	Die öffentliche Verwaltung (Zeitschrift)
DSGVO	Datenschutzgrundverordnung
DVBl	Deutsches Verwaltungsblatt (Zeitschrift)
EMRK	Europäische Menschenrechtskonvention
EuGH	Europäischer Gerichtshof
GRUR	Gewerblicher Rechtsschutz und Urheberrecht (Zeitschrift)
GRUR-RR	Gewerblicher Rechtsschutz und Urheberrecht Rechtsprechungs-Report (Zeitschrift)
InstGE	Entscheidungen der Instanzengerichte zum Recht des geistigen Eigentums
LG	Landgericht
MIR	Medien, Internet und Recht (Online-Zeitschrift)
MMR	Multimedia und Recht (Zeitschrift)
NdsPresseG	Niedersächsisches Pressegesetz
OLG	Oberlandesgericht
RdJB	Recht der Jugend und des Bildungswesens (Zeitschrift)
SPE	Schul- und prüfungsrechtliche Entscheidungssammlung
UFITA	Archiv für Urheber- und Medienrecht
UrhG	Urheberrechtsgesetz
UrhWissG	Urheberrechts-Wissensgesellschafts-Gesetz
VG	Verwaltungsgericht
VGH	Verwaltungsgerichtshof
VR	Verwaltungsrundschau (Zeitschrift)
WissR	Wissenschaftsrecht (Zeitschrift)
WRP	Wettbewerb in Recht und Praxis (Zeitschrift)
ZRP	Zeitschrift für Rechtspolitik
ZUM	Zeitschrift für Urheber- und Medienrecht
ZUM-RD	Zeitschrift für Urheber- und Medienrecht, Rechtsprechungsdienst

Literatur

Ahlberg, Hartwig / Götting, Horst-Peter (2018): Beck'scher Online-Kommentar Urheberrecht, 21. Edition, München

Bender, Reinhard (1985): Urheberrecht und musikalische Schulveranstaltungen nach der Urheberrechtsnovelle 1985, in: RdJB (33), S. 486–500

Bernuth, Wolf von (2014): Grundkurs Schulrecht XI: Fälle zum Urheber- und Medienrecht, 2. Auflage, Neuwied (= Reihe Praxishilfen Schule)

Deutscher Bundestag (2017): Entwurf eines Gesetzes zur Angleichung des Urheberrechts an die aktuellen Erfordernisse der Wissensgesellschaft (Urheberrechts-Wissensgesellschafts-Gesetz – UrhWissG), BT-Drucksache 18/12329

Busch, Thomas (2011): Zur urheberrechtlichen Einordnung der Nutzung von Streamingangeboten, in: GRUR (113), H. 6, S. 496–503

Dreier, Thomas / Schulze, Gernot (2018): Urheberrechtsgesetz (UrhG). Kommentar, 6. Aufl., München (= Reihe Beck'sche Kurzkommentare)

Dreyer, Gunda u. a. (2018): Urheberrecht. Urheberrechtsgesetz, Verwertungsgesellschaftengesetz, Kunsturhebergesetz, 4. Auflage, Heidelberg (= Reihe Heidelberger Kommentare)

Erdmann, Willi (2002): Verwendung zeitgenössischer Literatur für Unterrichtszwecke am Beispiel Harry Potter, in: WRP (48), H. 12, S. 1329–1344

Flechsig, Norbert P. (2018): Urheberrecht im Wandel der Zeit. Symposium aus Anlass des 70. Geburtstags von Norbert P. Flechsig, Baden-Baden (= Schriftenreihe zu Medienrecht, Medienproduktion und Medienökonomie, Band 38)

Fromm, Friedrich Karl / Nordemann, Axel (Hrsg.) (2018): Urheberrecht. Kommentar zum Urheberrechtsgesetz, Verlagsgesetz, Urheberrechtswahrnehmungsgesetz, 12. Auflage, Stuttgart (= Reihe Rechtswissenschaften und Verwaltung: Kommentare)

Gravenreuth, Günther von (1986): Das Plagiat aus strafrechtlicher Sicht. Software-, Video- und Markenpiraterie, Raubdrucke, Köln

Handig, Christian (2013): Reform und Neuordnung der „öffentlichen Wiedergabe". Die Folgen der Interpretation des urheberrechtlichen Begriffs durch den EuGH, in: ZUM (57), H. 4, S. 273–278

Hasselbrink, Julia (1996): Der urheberrechtliche Schutz im Bildungswesen, in: RdJB (44), H. 1, S. 84–98

Haupt, Stefan (2006): Urheberrecht in der Schule. Was Lehrer, Eltern, Schüler, Medienzentren und Schulbehörden vom Urheberrecht wissen sollten, München (= Reihe Berliner Bibliothek zum Urheberrecht, Band 2)

Hertin, Paul W. (1989): Das Musikzitat im deutschen Urheberrecht, in: GRUR (91), H. 3, S. 159–167

Hildebrandt, Ulrich (2001): Die Strafvorschriften des Urheberrechts, Berlin (= Schriften zum Strafrecht, Band 125; zugl. Berlin, Humboldt-Univ., Diss., 2000)

Hoegg, Günther (1994): Die schulische Täuschung und ihre unzureichende Ahndung, in: RdJB (42), H. 1, S. 72–91

Hoegg, Günther (2010): SchulRecht! Aus der Praxis – für die Praxis, 4. Auflage, Weinheim u. a.

Hoeren, Thomas (2018): Internetrecht, online abrufbar auf der Internetseite des Instituts für Informations-, Telekommunikations- und Medienrechts der Universität Münster

Kastner, Klaus (1983): Das Plagiat – literarische und rechtliche Aspekte, in: NJW (36), H. 21, S. 1151–1158

Kerres, Michael (2018): Mediendidaktik. Konzeption und Entwicklung digitaler Lernangebote, 5. Auflage, Berlin

Klein, Florian (2017): Personenbilder im Spannungsfeld von Datenschutzgrundverordnung und Kunsturhebergesetz, Frankfurt/M. (= Schriftenreihe zum Urheber- und Kunstrecht, Band 20; zugl. Universität Münster [Westfalen], Dissertation, 2017)

Knupfer, Jörg (2010): Urheberrechtliche Fragen im Schulbereich, in: RdJB (58), H. 4, S. 472–487

Kühling, Jürgen / Klar, Manuel / Sackmann, Florian (2018): Datenschutzrecht, 4. Auflage, Heidelberg (= Reihe Start ins Rechtsgebiet)

Lauber-Rönsberg, Anne / Hartlaub, Anneliese (2017): Personenbildnisse im Spannungsfeld zwischen Äußerungs- und Datenschutzrecht, in: NJW (70), Heft 15, S. 1057–1062

Lettl, Thomas (2018): Urheberrecht, 3. Auflage, München (= Grundrisse des Rechts)

Leuze, Dieter (2008): Urheberrechte der Beschäftigten im öffentlichen Dienst: öffentliche Verwaltung, Hochschulen, außeruniversitäre Forschungseinrichtungen, Schulen, 3. Auflage, Berlin

Libertus, Michael (2007): Die Einwilligung als Voraussetzung für die Zulässigkeit von Bildnisaufnahmen und deren Verbreitung, in: ZUM (51), Heft 8/9, S. 621–628

Neumann, Till (1994): Urheberrecht und Schulgebrauch. Eine vergleichende Untersuchung der Rechtsgrundlagen und der Wahrnehmungspraxis, Baden-Baden (= Schriftenreihe des Archivs für Urheber-, Film-, Funk- und Theaterrecht (UFITA), Band 115; zugl. Regensburg, Univ., Diss., 1993)

Niehues, Norbert / Rux, Johannes (2006): Schul- und Prüfungsrecht. Band 1: Schulrecht, 4. Auflage, München (= Schriftenreihe der Neuen Juristischen Wochenschrift, Band 27/1)

Niehues, Norbert / Fischer, Edgar / Jerimias, Christoph (2018): Schul- und Prüfungsrecht. Band 2: Prüfungsrecht, 7. Auflage, München (= Schriftenreihe der Neuen Juristischen Wochenschrift, Band 27/2)

Ohly, Ansgar (2018): Unmittelbare und mittelbare Verletzung des Rechts der öffentlichen Wiedergabe nach dem „Córdoba"-Urteil des EuGH, in: GRUR (120), S. 996–1004

Rademacher, Stephan (2014a): Medienrecht im Schulalltag. Anmerkungen zu ausgewählten Rechtsfragen des schulischen Urheber- und Datenschutzes, in: Der IT-Rechtsberater (ITRB) (14), H. 7, S. 164–169

Rademacher, Stephan (2014b): „Nur für den privaten Gebrauch!" – Zur Bedeutung urheberrechtlicher Hinweise bei Videogrammen, in: ZUM (58), H. 8/9, S. 666–672

Rademacher, Stephan (2013): Filmvorführungen im Schulunterricht. Zum Öffentlichkeitsbegriff des § 15 Abs. 3 UrhG, in: UFITA, H. 3, S. 717–734

Rehbinder, Manfred / Peukert, Alexander (2018): Urheberrecht. Ein Studienbuch, 18. Auflage, München (= Juristische Kurz-Lehrbücher)

Rieble, Volker (2010): Das Wissenschaftsplagiat. Vom Versagen eines Systems, Frankfurt am Main

Sattler, Sebastian (2007): Plagiate in Hausarbeiten. Erklärungsmodelle mit Hilfe der Rational Choice Theorie, Hamburg (= Studienreihe Soziologische Forschungsergebnisse, Band 88)

Schricker, Gerhard / Loewenheim, Ulrich (Hrsg.) (2017): Urheberrecht, 5. Auflage, München

Spindler, Gerald / Schuster, Fabian (2015): Recht der elektronischen Medien, 3. Auflage, München

Wagner, Kristina (2017): Aktuelle Möglichkeiten und rechtliche Probleme der Creative Commons-Lizenzmodelle. Digitale Revolution des Urheberrechts durch CC-Lizenzen, in: MMR (19), H. 4, S. 216–221

Wandtke, Artur-Axel (2018): Werkbegriff im Urheberrechts-Wissensgesellschafts-Gesetz, in: NJW (71), H. 16, S. 1129–1135

Wandtke, Artur-Axel / von Gerlach, Felix-Tessen (2013): Die urheberrechtliche Rechtmäßigkeit der Nutzung von Audio-Video-Streaminginhalten im Internet, in: GRUR (115), H. 7, S. 676–682

Wandtke, Artur-Axe / Bullinger, Winfried (Hrsg.) (2014): Praxiskommentar zum Urheberrecht, 4. Auflage, München

Register